自己選択・自己決定
できる子どもを育てる

「問いかけ」型学級経営

Hashimoto Takuya
橋本卓也［著］

明治図書

はじめに

この本を手に取ってくださり、ありがとうございます。

はじめに、大切なことを確かめさせてください。

この本は、読めば自ずとクラスの子どもたちへの声かけや問いかけがすばらしいものになる秘伝の書の類いではないということです。

この本では、私のこれまでの子どもたちとの生活の中で、実際にあった対話の場面を切り抜いて、私なりの反省や考察を加えてまとめました。

私はかつて、子どもたちとのやりとりを事前に練習したり、やり直しをしたりすることができたらどれだけ救われるだろう、と考えたことがあります。そんな過去の自分や、同じような思いをもつ仲間へのエールとアドバイスを送る気持ちを込めています。

そこで、おそらくどの教室でも、1年間や1日の生活の中で起こり得るであろう42の場面をあげてみました。どのやりとりにもその前段があります。また、私の人となりや子どもたちとの関係性もそこには作用しています。

ここで示されていることが正解なのではない。
正解なんてものがあるかどうかもわからない。

それでもこれらの事例を自分なりに読み解き、咀嚼し、吟味していったその先には、得られるものがあるかもしれない。
そう考えてこの先も読み進めていってくださるのならば、この本はその役割を十分に果たしているといってもよいのかもしれません。

「学校は答えだけ教えてくれればいいんですよ」
私がある保護者の方に言われた、今でも忘れられない言葉です。あの瞬間の悔しさと悲しさは今でも覚えています。学校とはそういう場所だと考えられているのか、と。

確かに、学校は学びを得るための場所です。しかし、本物の学びを得るためには、子ども自身がどう考え、どう動くかを決めてやってみる他にありません。

学びとは、口を開けて待つものではない。自らのために、最善の選択と決定をほどこした学びの中にこそ、本当に得られるものがある。私はそう信じると決めました。

教室のこと、子どもたちとのこと、自分自身のこと、うまくいかないことがあったり、なかなか成果が見られない日々が訪れたりすることもあるでしょう。しかし、それを近視眼的なものの見方で、失敗と見定めてしまうのは早計です。

学校や社会も、いつしか大人になる子どもたちも、教育に携わり続ける私たちも、それは長いこれからの人生の営みにおいては、通過する点のうちの1つに過ぎません。

子どもたちとみなさんの幸せを願って、この本を届けます。

2024年1月

橋本卓也

もくじ
Contents

序章
質の高い「問いかけ」には力がある

第１章
子どもたちの手で
学級を築いていくための問いかけ

第2章 自律的な学習者を育むための問いかけ

第3章 子どもたちの力で学校生活をよりよくしていくための問いかけ

序章
質の高い「問いかけ」には力がある

「センセー、友だちにたたかれましたぁ！」

「センセー、鉛筆が落ちてましたぁ！」

「センヤー、教科書忘れちゃいましたぁ！」


子どもたちから投げかけられるこんな言葉たち。やれやれ、まったく…。

こんなに頼りにされてしまっては…、これだから先生という仕事は辞められない。


「おーい、〇〇さん！　お友だちのことたたいたんだって？　ダメでしょ！」

「みなさーん、鉛筆の落とし物です！　心当たりのある人はいませんか？」

「先生が今から教科書のページをコピーしてくるから、それで大丈夫！」


こうして、教室の内外で起こった問題をみるみる先生が解決していく。

「これこそが教師の仕事であり、醍醐味」

かつての私は、そう信じてやまないのでした。

しかし、こんなことをしばらく続けているうちに、子どもたちの姿にだんだんと違和感を抱くようになりました。

目の前で起きている問題に気づいていないのかな。どうして放っておくのだろう。許可を得てから何かしようとする子が増えたな。どうしたら自分で決められるのだろう。自分の思いや願いを言葉にして伝えられていないな。あの子はいったいどうしたいのだろう。

よかれと思って子どもたちにしていた自分の対応が、そんな子どもたちの姿を招いてしまっていたことに気がついたのは、それからしばらくの時が経ってからのことでした。

私が子どもたちから学びの機会を奪ってしまっていたのかもしれない。子どもたちに手渡すべきなのは、問題の答えではなく解決のための方法だったのかもしれない、と。

この本を手に取られたみなさんも、過去に同じようなことで苦い思い出があったり、今まさにその渦中で悩まれたりしているのかもしれません。

私たちが目指しているのは、子どもたちが自ら学び、生涯にわたって学び続けていこうとする主体性を育むことであり、さらに、他者と協同して、互恵的に学校生活や実社会での生活を築いていこうとするマインドを育むことと言えるでしょう。

そう考えるためには、VUCA（ブーカ）という言葉が1つのキーになります。

あまり馴染みのないこの言葉は、先行きが不透明で将来の予測が困難な状態を表していて、変動性（Volatility）、不確実性（Uncertainty）、複雑性（Complexity）、曖昧性（Ambiguity）の4つの頭文字をとったものです。実は、このVUCAという言葉は、2023年に閣議決定された「教育振興基本計画」の中で、現代の世相を表す文言として用いられ、すでにその真っ只中にいるというわけです。

一方で、学校という場所はどうでしょう。

子どもたちへの指導や管理のしやすさのためか、はたまた家庭や地域からの願いに応えていくためか、子どもたちを取り巻く環境の整備が、安定性と確実性と簡便性と明確性を意識したものにあまりに偏っていっているのではないかと私は危惧しています。

もちろん、いじめを代表とする、心身に深刻な影響があるような、絶対に引き起こしてはならない問題もあります。しかし、そういった重大な問題や事故に至るまでの過程には、軽微な問題や出来事が散見されていないでしょうか。

私たち教師が子どもたちのすべての動向を注視し、そこでの状況を把握・分析・解決することはおよそ不可能です。だからこそ、子どもたち一人ひとりに自分や自分たちの学習と生活についての当事者意識を抱かせ、今できることや手元にあるものを素材にして解決しようとする考え方を育むことに力を注いでいくべきだと考えます。

では、いったいどうしたらよいのでしょうか。

それにはまず、教師自身が**「信じる心、委ねる心」**をもつことです。

どの子どもにも、目の前の問題を解決する力があり、必ずそれらを乗り越えていくことができると信じること。そして、どんな解決の仕方であったとしても、子どもが自ら考え、自ら決めたことであれば、そのやり方を尊重するということです。決して簡単ではありませんが、そうすると決めてしまうのです。

そして、その思いを子どもへの**「問いかけ」**のメッセージに込めることです。「信じて委ねる」といっても、子どもたちを放任するということではありません。むしろ、子どもたちとそのときの出来事や感覚、感情を十分に分かち合ったうえで、同じ立場の迷える者の1人として、答えがないであろう問いを紡ぎ出すといったところです。

質の高い「問いかけ」には、力があります。

一見、当たり前のように思われていた「とらわれ」を疑い直したり、その価値を確かめたりすることが、思いもよらないゆらぎを生み出し、問題解決のための新たな原動力となることがあります。

子どもたちに「問いかける」という行為を傍から見ると、そこには冷たさや寂しさが感じられるかもしれません。しかしそれは、**教師自身の子どもたちをよりよい成長へと導くという強い信念と愛情があってこそ成り立っているもの**なのです。

「あなたたちのことが大好きで、大切に思っているよ！」
「あなたたちだからこそ、どんなことも信じて任せてみたいんだ！」
「挑戦した後のサポートなら、いくらでもするから安心してやってみてね！」

思っているだけでは伝わらないのなら、実際に口に出して伝えたってよいのです。

さて、この本の中では、私から子どもたちへのそんな「問いかけ」の実践例を紹介しています。「なるほどこれはおもしろい」というものもあれば、「こんなことは自分なら言わない」と思われるものもあるでしょう。
どうか、みなさんの教室の子どもたちの顔や日々の出来事を思い浮かべながら、一緒に考えていただければ幸いです。

私たちの「問いかけ」がもつ力を信じて。

第1章
子どもたちの手で学級を築いていくための問いかけ

［学級開きで一年の抱負を分かち合うとき］

「いいクラス」ってどんなクラスだと思う？

では、みんなの自己紹介も終わったところで…。

（おっ、先生がしゃべるぞ。クラスでの約束事の発表かな？）

突然だけど、「いいクラス」ってどんなクラスだと思う？

（えー、違ったー。どんなクラスって言われても…）

みんな、「いきなりそんなこと言われても！」って顔をしてるね。
では、一緒に簡単なゲームに挑戦しながら考えてみようか！

第１章
子どもたちの手で学級を築いていくための問いかけ

新年度の始まり、期待にあふれているのは子どもも教師も同じはず。

そんなモチベーションの高い時期ですが、やらねばならぬことも多く、スケジュールもタイトに詰まっているのが実際です。だからこそ、**一度立ち止まって、ゆっくりとクラスのことを考えて時間を費やすことを大切にしたい**ものです。


ところで「いいクラス」ってどんなクラスでしょうか。

また、その「いいクラス」をつくるのは、だれの役割でしょうか。


そう問われると、私にはその場ですぐに返答することができません。

だって、何の判断の材料もありませんから。


しかし、それを子どもたちに問いかけるわけです。子どもたちも何も答えられなくて当たり前。それでも素直な子どもたちなら、

「明るいクラスがいいクラスです！」

「けんかやいじめがないクラスだといいです！」

と答えてくれるかもしれません。どんな反応が返ってきてもよいでしょう。ここは、それらを一緒に見いだしていこうとするスタート地点なのです。

そんなクラスのスタートに力を貸してくれるのが、**「PA（プロジェクト・アドベンチャー）」**です。**PAといえば野外活動の場で取り組むイメージがあるかもしれませんが、意外にも教室での実践にもぴったり**です。

PAの考え方に「体験から学ぶ」というものがあります。

これは**「五感をフルに活用しながら、自分自身で一歩踏み出す中で、他のだれのものでもない自分だけの気づきを得ることができる」**ということです。

私がおすすめするゲームは、じゃんけんをアレンジしたアクティビティです。じゃんけんといえば、ほとんどの子どもたちがルールをわかっていて、アレンジしたものにも簡単に踏み出していくことができます。「後出しじゃんけん」「テレパシーじゃんけん」「セブンじゃんけん」「ギョウザじゃんけん」「じゃんけん列車」「スーパーじゃんけん列車」…など、あげたらキリがありません。

子どもたちの様子を見ながら、小出しにして、取り組んでいきましょう。
さて「楽しかったぁ、またやろうね！」だけで終わらないのがＰＡの大事なところです。アクティビティに挑戦した後には**「振り返り」**を行います。

このときの教師の役割は、ファシリテーターです。
「やってみてどうでしたか？　どんなことを感じましたか？」
という投げかけから始めればよいでしょう。活動の様子を見ていて、楽しむことができていたかどうか、けんかやもめ事が起きてしまっていたかどうかはわかります。それでも、当事者の子どもたちに、起きた出来事やその受け止め方を問うてみるのです。

子どもたちからの反応も様々でしょう。口々に答えてくれることもあれば、長い沈黙が訪れることもあるかもしれません。**どんな反応であれ「そうですか」とゆったりと受け止めることを心がけましょう。**

さらに続けて、

「先生は、ゲームを楽しめるクラスって、いいクラスだと思うのだけれど、ゲームを楽しむためのコツを見つけた友だちは教えてください」

と問いかけてみましょう。

「お話をよく聞くことだと思います！」

「ルールをちゃんと守ることだと思います！」

「うまくいかなくても、怒らないことだと思います！」

など、きっと子どもたちなら答えてくれることでしょう。

それらをまたウンウンとうなずきながら聞き、画用紙や模造紙などに言葉の記録をして、また次のゲームに挑戦していくのです。

終わりの時間を迎えるころには、きっと子どもたちの振り返りから飛び出した、たくさんのすてきな言葉たちが書き溜められていることでしょう。

それをその場にいる全員で眺めながら、

「こんなたくさんの楽しいことができて、すばらしい発見もできるクラスって、なかなか『いいクラス』なんじゃないかな。これからもみんなでたくさんのことに挑戦していっ

て、たくさんの宝物を見つけていきたいね」と伝えてみましょう。子どもたちは教室でのこれからの活動に期待をもつようになります。

このように、1つの問いかけから始まる一連の活動を通して、子どもたちは、「いいクラス」をつくっていくためには、自分たちのチャレンジと協力が欠かせないこと、そして体験を積み重ねていくためには、振り返りが重要であることを学びます。

また、教師も自らの思いや願いばかりでなく、子どもたちの思いや願いを尊重しながら教室づくりにチャレンジしていくことの大切さを学ぶことができます。**「いいクラス」をつくろうと試行錯誤しているのが私たち教師だけだなんて、絶対にもったいない**です。

【引用・参考文献】

・プロジェクトアドベンチャージャパン『クラスのちからを生かす　教室で実践するプロジェクトアドベンチャー』みくに出版（2013）
・岩瀬直樹・甲斐﨑博史・伊垣尚人『子どもたちが主役！　プロジェクトアドベンチャーでつくるとっても楽しいクラス』学事出版（2013）

［新しい教室のリフォームを考えていくとき］

みんなが使いやすいように置いてもらえるかな？

これから、前の教室からみんなの荷物を移動させるお引越しをします！

はーい、がんばりまーす！

実は、先生の荷物もたくさんあるのだけれど、手伝ってもらっていいですか？

わかりましたー！　ところで、先生の荷物ってどこに置けばいいですか？

ありがとう、助かります！　先生の荷物の中には、みんなが使っていいものもたくさんあるから、**みんなが使いやすいように置いてもらえるかな？**

第1章
子どもたちの手で学級を築いていくための問いかけ

新しい生活が始まる教室。

いつもと違う雰囲気に、ドキドキワクワクしてしまうものです。

「いいクラスをつくるには、まず、いい〝教室〟をつくらなきゃ」

これは岩瀬直樹さんの著書『最高のクラスのつくり方』でも紹介されている言葉です。

みなさんの学校では、新年度の荷物移動や教室づくりをどのように行っていますか。様々な行事や活動を優先して、大人だけで行っている学校事情もうかがえます。

それでも、**子どもたちの荷物や教科書を新しい教室に運び込んだり、ロッカーや棚の中にしまって整頓したりすることは、クラスの立ち上げに欠かせない、とても有意義な活動**であると私は考えます。

自分たちが1年間過ごしていく教室ですから、自分たちが過ごしやすい教室になるように、子どもたち自身にも考えてもらいたいのです。

さて、**荷物の大移動では、たくさんの子どもたちの活躍の機会を設けることができます。**

「センセー、これ運びますね！」

「○○さん、これ重たいから一緒に持とうよ！」

「下の学年の子たちが迷子になってる！　一緒に教室に行こう！」

こんな子どもたちの姿を見つけたら、すかさず、

「ありがとう、助かるよ」

「友だちやクラスのために力を使ってくれてありがとう」

などと価値づけることができます。

子どもたちに力を借りながら活動しているのです。多少の失敗やゴタゴタも起きるものでしょう。そんなときにも、

「ありがとう、一生懸命にやってくれてる中で起きてしまったことだよね。大丈夫だよ」

と労い、励ましてやることで、子ども同士や子どもと教師の間の温かい関係を結んでいく種をまくことができます。

さあ、荷物が教室に運び込まれたところで、いよいよ本題です。
私は、子どもたちに教室のみんなが使うもので「どこに置いたらいいですか？」と聞かれたら、

「みんなが使いやすいように置いてもらえるかな？」

と問いかけて、判断を任せるようにしています。

共用のペンや画用紙に模造紙。貸し出し用の鉛筆や消しゴム。学級文庫、観葉植物に水槽、ボードゲーム。テレビ、オルガン、教師机、ごみ箱。およそ教室にあふれるたくさんのものがその候補としてあげられます。

もちろん、学校として統一すると決まっていることや、担任個人の考えで知っておいてほしいことがあれば、それらを伝えておくことも大切です。私は、分別のごみ箱は教師机のそばに置いてほしいと考えていたり、ランドセルなどを入れる共用のロッカーの上にはなるべくものを置きたくないと考えていたりします。

子どもたち一人ひとりにとっても、思い描く理想の教室やよい教室というものは、きっと異なることでしょう。

でも、それでよいのです。それが教室というところなのです。

子どもたちは、一生懸命に対話をしようとすることでしょう。もしかしたら、そこから口論やけんかに発展してしまうこともあるかもしれません。決してそんなことを望んでいるわけではありませんが、必要があれば、

「もしよかったら、それぞれの置き場所をお試しでやってみたらどう？」

とまた問いかけてみればよいのです。

リフォームというのは、そういう試行錯誤の過程を楽しもうとすることが一番の醍醐味であり、これから一緒に過ごそうとする互いの関係を築くための一歩目であると考えてみましょう。

私たちも、自宅のレイアウトを考えるとき、ただ見た目が気に入っただけでソファやテーブルを購入しているわけではないはずです。すでに、それらのまわりに置いてあるもの

との調和を前提に、生活の中での使い心地を想定したり、これから共に過ごす人と紡がれるであろうストーリーに思いを馳せたりしながら、新しい生活の礎を築きます。

教室という環境が子どもたちに与える影響は、とても大きいものです。

その環境に子どもたちの声や意見を生かすことができれば、教室への愛着や居心地もきっと増していくはずです。

新年度、新しい教室のリフォームを考えていくときには、そんなチャンスがあるのです。

【引用・参考文献】
・埼玉県狭山市立堀兼小学校6年1組・岩瀬直樹『最高のクラスのつくり方』小学館（2010）

【学校で学ぶことの意義を話し合うとき】

私たちは、どうして学校で学習をするのだろう?

今日から、みんなとの学習が始まります。みんなはどんな学習が楽しみですか?

国語が楽しみです!

算数が楽しみです!

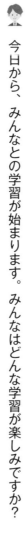

体育が楽しみです!

うんうん、みんなの楽しみなことが伝わってきましたよ。先生も楽しみです。
ところで、**私たちは、どうして学校で学習をするのだろう?**
そんなことって考えてみたことはありますか?

「○年生の□△という教科では、こんな勉強をするよ。みんな楽しみにしてね！」なんて、教科書の表紙や目次を用いて、学びの見通しをもつ授業開きを行う先生方は多いかもしれません。

では、

「私たちは、どうして学校で学習をするのだろう？」

「なぜ、学校という場所では学習をするのだろう？」

「私たちが学校に毎日通うのはどうしてだろう？」

こんなことを子どもたちに投げかけてみたことはありませんか。

私が子どものころ、こんなことは考えたこともありませんでした。**学校に通うことも、学校で授業を受けることも、それが当たり前であり、疑いようのないことだったから**です。

しかし、昨今は状況が異なります。新型コロナウイルス感染症が猛威を振るい、その感染拡大を防ぐために、学校は臨時休業の体制をとりました。臨時休業が明けてからも、人と人との物理的な関わりを極力減らしていくような取組が多くなされました。

さらに、ＧＩＧＡスクール構想に基づく１人１台端末の普及から、子どもたち一人ひとりの手に情報端末が行き渡りました。学校に登校していなくてもオンラインで授業に参加したり、課題をこなしたりすることができます。人やもの、こととの距離や時間を気にすることなく、自分の思いのままに学習に臨むことができるシステムがあります。

「学校」というものの存在意義が揺らぎつつある昨今において、私たちは、学校に抱いていた、ある種のとらわれを見直さなければならない時期にいるのではないでしょうか。学校に行かなくても勉強することはできる、友だちともオンラインで学ぶことができる。それでも、学校という場所に集って、共に生活をし、共に学ぼうとするのですから。

学校や教室を運営していく教職員はもちろん、関わる地域や保護者の大人たちは、このことを考えていかなければなりません。さらに、学校で学んでいるその当事者である子どもたち自身も、このことを考えていかなければならないと私は考えます。なぜなら、学びというものは与えられるものではなく、自らつかみに行こうとすることに意味があり、**そのためには、自分なりの意味や目的を抱くことが欠かせないから**です。

私たちは、どうして学校で学習をするのだろう？

この問いに対する今の私自身の考えは「学校に行けば友だちがいるから。友だちと学習して、できるやわかるが増えていくと、楽しいから」です。


いつでも、どこでも、何を使っても勉強することはできる。

でも、１人だとちょっと心細い。それになまけちゃうかもしれない。

応援してくれたり、励ましてくれたり、教えてくれたり、たまには注意してくれたりする友だちがいたらできるかも。

そうだ！　学校に行けば、同じように思っている友だちがいるかもしれない。

仲良しの友だちと、好きなことばかりじゃなく、いろんなことにも挑戦したいな。

あまり仲良くないあの子に、わからないこと、聞いてみたいな。

自分がそうやって友だちを頼りにするみたいに、自分もだれかの頼りにされていたら、とってもうれしいな。

よし、学校に行こう！　今日もがんばるぞ！

［ポジティブな考え方や過ごし方を増やしていきたいとき］

どんなモンスターがそばに遊びにきていると思う？

（朝の教室で）おはよーございまーす！

（そぞろな感じで）おはよーございまーす…。

おや、みんなのあいさつに元気がないなぁ。これはもしやモンスターのせいかな？

モ、モンスターってなんですか？

モンスターを知らない？　実は、私たちの教室には、みんなを困らせるために、別の世界からモンスターがやってきているんだよ！

どんなモンスターがそばに遊びにきていると思う？

これは、子どもたちとモンスターがはじめて出会う場面の一例です。

モンスターとは、その正式な呼び名を「ソーシャルスキルモンスター」といい、子どもたちのソーシャルスキルトレーニングをユニバーサルデザイン化するために、イトケン太ロウさんらによって開発されたものです。生活習慣や相手との関わり、自分の心など、扱われている範囲も広く、様々なニーズにあったものを見つけることができます。

さて、そもそも教室で起きている困ったことや問題は、悪なのでしょうか。また、それを引き起こしたり、関わったりしてしまった子どもも、悪になってしまうのでしょうか。さすがに、それはナンセンスな考え方であると言わざるを得ません。

教師がモンスターとの出会いを演出する場面は、子どもたちに対して**「教室や学校で起きる困ったことや問題を、あなたたちのせいにはしないよ。みんなで励まして応援し合いながら解決していこうね」**と、所信表明をしていると言うことができます。**困っているときこそ、ポジティブで前向きな考え方に頼ろうとする**わけです。

自分の苦手なことやできていないことに正面から向き合うというのは、大人でもなかなか酷なことです。試行錯誤の経験が少なかったり、得手不得手の凸凹に折り合いがつけられていなかったりする子どもたちなら、なおさらでしょう。

そこで、**目の前の困ったことや起きている問題を、その子どもの内面と切り離して外在化して捉えることができると、当事者の子どもたちも、支援者の私たちも、とても気を楽にして対処することができる**のではないでしょうか。

話を戻しましょう。モンスターは、普段は目には見えていませんが、私たちの心の隙を見つけては姿を現します。元は良心をもっていたキャラクターたちが、様々な影響を受けて、周囲に悪いフォースを使うモンスターへと変身してしまいました。

学校生活の中で、本来の思いや願いとは違う困り事が起きたとき、その原因を、フォースを用いるモンスターの出現へと転換し、そのモンスターを元の世界に帰してやるための方法を考えたり、声のかけ合いをしたりします。

モンスターは、悪者のようにも思えます。しかし、その生い立ちや、憎めない見た目、シャレの効いたネーミングなどの工夫がすばらしく、あっという間に子どもたちを虜にしていきます。むしろ「センセー、次のモンスターも早く遊びに来ないかなぁ」と、新たなモンスターとの出会いを楽しみにしている様子さえあります。

クラスのみんなで、モンスターとの折り合いを楽しむのもよいでしょう。また、子ども一人ひとりが、それぞれに訪れるモンスターとの攻防を楽しむのもよいでしょう。

「おーい、○○さん！　△△のモンスターが遊びに来ている気がするよー！」
「むむむ、これは新しい問題だ！　きっとこれもモンスターのせいだなぁ…」
「最近、□□のモンスターがいないけれど帰っちゃったのかなぁ。さびしいねぇ」

その応用力といったら最高です。

【引用・参考文献】

・小貫悟・イトケン太ロウ『子どもが思わず動きだす！　ソーシャルスキルモンスター』東洋館出版社（2021）

［クラスでの年間の活動を計画していこうとするとき］

これまでのクラスでは、学活でどんなことをしていた？

それでは、これから最初の学活の時間を始めましょう！

始めまーす！

さて、実はさっき「学活ってなんですか？」なんて聞かれてしまいました。
他にも同じように思っている友だちはいませんか？

はーい、私もよくわかっていなくて…。

実は、学活はどのクラスも必ず週に1回取り組んでいるはずなのです。
では、**これまでのクラスでは、学活でどんなことをしていた？**

クラスにおける学級活動（1）（学習指導要領の「学級や学校における生活づくりへの参画」）の充実は、子どもたちの創意工夫と試行錯誤の機会を十分に設けることにつながります。そのため、学級経営で、この（1）に並々ならぬ思いをもっていたり、学活でテッパンのネタを引き出しとしてもっていたりする先生も少なくないでしょう。

ここで、必ず考慮しなくてはならないのが、**子どもたちの活動経験**です。学活では、教科書はもちろん、副読本を活用することもほとんどありません。子どもたちがこれまでにどのような学びを積み重ねてきたか、これからどんなことを学んでいくことが必要か、ということに触れずに、教師の一方的な思いで活動を考えたり、組み立てていったりしてはいけません。

また、教師から「夏休みが目の前に迫っていますね。しばらくのお別れなので、明日はクラスレクをやりましょうか！」と言ったとします。きっと子どもたちは、大喜びで参加するでしょう。楽しいひと時を過ごすこともできるかもしれません。しかし、これでは**「楽しいことは与えてもらえる」という誤学習を積み重ねてしまいます。**

そこで、**クラスの学活開きでは、年間の活動計画を子どもたちと作成する**ことをおすすめします。学級活動（2）（日常の生活や学習への適応と自己の成長及び健康安全）、（3）（一人一人のキャリア形成と自己実現）は、学校全体のカリキュラムとしてすでに設けられていることでしょう。（1）も学校行事や学年行事への準備や協力として、あらかじめ時期を決められているところがあるかもしれません。

クラスの裁量として残されている時数は、十数時間といったところでしょうか。この十数時間に子どもたちの思いを込めて作成するのが、年間の活動計画です。

子どもたちの活動経験を知り、さらに活動への意欲を引き出すために、こんなことも問うてみるとよいでしょう。


「これまでにどんな行事があって、それはいつごろにあった?」

「○年生では、どんな行事があるでしょう?」

「今年もみんなでやってみたいことはあるかな?」

こんな投げかけに、子どもたちはどんな表情で、どんな言葉を返してくれるでしょうか。

学級活動をつくり上げていくことを、どうか子どもたちと楽しんでみてください。

さて、こうして子どもたちと考えた年間の活動計画。考えっぱなしにせず、子どもたちと一緒に掲示物をつくり、教室の壁に飾ってみてはどうでしょうか。

子どもたちは、活動の計画を日々眺めながら、毎週の学活やこれから取り組む行事を心待ちにして過ごします。また、活動を終えたものから、写真や言葉で振り返りを行い、思い出の足跡へと貼り替えていきます。

そうすると、子どもたちは日々の生活や活動を、自分たちで彩っていくことの大切さを体験し実感を通して学んでいくことができます。また、**その学びが、さらなる学級活動を築いていく礎となる**のです。

【引用・参考文献】

・橋本卓也『実務が必ずうまくいく　特別活動主任の仕事術　55の心得』明治図書出版（２０２３）

［クラスの中で新しい文化やルールに取り組もうとしているとき］

新しいやり方を決める前に、お試し期間をつくるのはどう？

これは、前のクラスではこうやってたんだよ！

うちのクラスでは、こうしていたよ。こっちの方がいいよ！

どうしたの、何かもめているみたいだけれど？

これまでのお互いのやり方が違っていたみたいで…。

どっちにするか決めないと、これじゃあ進まないよ！

なるほど、新しいメンバーになったらそういうすり合わせが大事だよね。

じゃあ、**新しいやり方を決める前に、お試し期間をつくるのはどう？**

新しいメンバーが集まって集団を形成していくとき、対話を通して、すり合わせを行っていくことが必要になります。

教室で言えば、日直の進め方や号令のかけ方、給食の配膳や掃除の取り組み方など、システムとしてあげられるもののおよそほとんどが、このすり合わせを行っていかなければなりません。

このとき、先を急いで、あらかじめ教師の側でそのやり方を決めてしまっていたり、ややもすると学校全体でそのやり方を統一してしまっていたりすることがあります。新学期の準備で、まだ子どもと出会ってもいないうちに、朝の会や帰りの会のプログラムを作成し、ラミネート加工している先生を見ると、私は少し寂しい気持ちになります。

もちろん、担任としてのこれまでの経験や思いから「今年はこうしてみたい」という願いがあってもよいでしょう。でも、**実際にそれらに関わり、取り組んでいく子どもたちの声に耳を傾けないうちから、その道筋を示してしまってよいのでしょうか。**

多くの場合、4月の教室は新しいメンバーでスタートしていることと思います。3月までは、かつてのクラスでの文化やルールの中で生活をしていて、そこでのやり方や過ごし方に慣れきっていることでしょう。新しい生活が始まろうとしているとき、衝突が生じてしまうのは、必然なのかもしれません。

「そんなことも起きるかもしれない」という前提で新学期の立ち上げをしていくのとそうでないのとでは、起きた後の対応も大きく変わります。

むしろ、教室では、問題が起きたときこそがチャンス。**お互いの言い分に耳を傾けて、じっくりと対話を重ねながら、進むべき方向性や歩み方を検討したいもの**です。

そういう意味で、お試し期間を設けるという子どもたちへの提案は、その対話の機会を保障するということになります。お互いの願いを公平に扱えるだけではありません。それらを実際に体験してみることを通して、そのよさを実感することができたり、そのやり方の理由や背景の部分にも思いを馳せたりすることができます。**全体に関わる物事を決めていくときには、時間をかけたってよい**のです。

こうして、お試し期間を経たところで、

「それでみんなはどうやっていこうと思っているの？」

と問いかけると、ほとんどの場合、お互いのやり方や考え方のよいところを取り入れながら、歩み寄った解決策を見いだすことができます。

そして、自分たちがなぜ取り組むのか、どのように取り組むのかを十分に理解したうえで、新しい文化やルールを受け入れていくことができます。


このお試し期間の効果は、実はこのときだけではありません。

クラスで新しいことに挑戦していこうとしていたり、困りごとに直面したりしたとき「とりあえず試してみようよ！」という声が、自然と子どもたちから上がってくることがあります。


お互いを知り、歩み寄ろうとすること。

折り合いをつけて、合意形成を目指していこうとすること。

そんな過程を楽しめる子どもたちを育んでいきたいものです。

［子どもたちのオーナーシップを育みたいとき］

クラスで、先生でなくても自分たちでできるよってことはある？

センセー、今年は日直さんとか決めないんですか？

おっ、そんなことを言い出してくれる人を待っていましたよ。この後みんなにも聞いてみようか？　言ってくれる？

さっき先生に相談して、日直さんをクラスでやりたいと思うのですが、みんなはどうですか？

いいと思います！

ところで、他にもクラスで、先生でなくても自分たちでできるよってことはある？

教室の中で、子どもたちに委ねていきたいこと、任せていきたいことを考えてみましょう。どんなことがあげられますか。

では、それらをどうして子どもたちに担わせていきたいのかを考えてみましょう。きっと、それらへの取組を通して育むことができるものがあり、子どもたちにとっての糧とすることができるはずです。だからこそ、その成長を願って、私たち教師は、子どもたちの生活や学習への主体的な参画の種まきをするのだと思います。

裏を返せば、私たちが子どもたちにしかけていこうとすることの一つひとつに、取り組むべき理由や目指すべきゴールを思い巡らせているかどうかが重要であり、さらに、**それらを子どもたちとも一緒に考えて、共有していなければならない**ということです。

学校や教室における様々な取組が形骸化していたり、名目化していたりする理由の一端は、そんな必要な過程を端折ってしまっているところにあるのではないかと私は考えます。もちろん、端折らざるを得なくなってしまった理由もうかがえるのですが…。

さて、ではもう一度考えてみましょう。

教室の中で、子どもたちに委ねていきたいこと、任せていきたいことを考えてみると、どんなことがあげられますか。

きっと多くの方が、日直や号令、朝の会や帰りの会、当番活動や係活動にまつわるものを考えたのではないでしょうか。もう少し細かく考えると、手紙などの配付、落とし物があったときの対処、けんかが起きたときの仲裁などもあげられるでしょうか。

考えられるこれらを、4月の教室でいきなり子どもたちに放り投げてしまうことは現実的ではありません。**まったく干渉せずに成り行きに任せてしまうのは、ただの放任**です。

しかし、子どもたちの発想を取り入れながら「なぜ私たちは取り組むのか」「どんな取り組みの姿ならよいのか」と十分に対話を重ねていったらどうでしょう。自分たちのやりたいこと、やってみたいことが実現できる教室を築いていきたいものです。

さて、私は子どもたちが学校や教室での様々なことを自分事として捉え、関わっていこうとするマインドのことを「オーナーシップ」と呼んでいます。しかし、残念なことに、このオーナーシップは、だれしもが自然に備えているものではありません。

必要な要素が様々にあげられるこのオーナーシップですが、やはり、私はここでも**活動経験がものを言う**のではないかと考えています。

身の回りの人たちに大切にされ、助けられた経験。
身の回りの人たちに受け入れられ、自分の思いや願いを伝えられた経験。
身の回りの人たちの中で、自分のやりたいことができた経験。

これらの活動経験の中で、自分自身を俯瞰して捉えるメタ認知の力や周囲と協働するための調整力といったものが育まれていくのでしょう。自分でやりたいことややり方を選んで決めることができる。何より、自分の大好きな場所のために自分の力を役立てることができる。教室とは、そんなことを学べるすてきな場所なのです。

【ICTとのよりよいつき合い方を身につけさせたいとき】

みんなにとってはもう当たり前の道具？ それともまだ特別な道具？

センセー、今年もタブレットを使って授業やりますか？

もちろん！　いろいろな場面で使っていくと思うよ！

やったー！　タブレット使えるのうれしいなぁ！

それはよかった！　みんな、タブレットを使ってみたいんだね。

ところで、みんなにとってはもう当たり前の道具？
それともまだ特別な道具？

第1章
子どもたちの手で学級を築いていくための問いかけ

この本を手に取られている先生方にとって、ＩＣＴ機器はもはや当たり前の道具ですか？　それともまだまだ特別な道具ですか？

私はというと、生活でも仕事でも、ＩＣＴ機器があった方がよい場面が多い、というより、もはやなくてはならないものとなっています。この本も、パソコンに向かって必死に書き綴っているわけですが、パソコンが使えず、紙と鉛筆だけ渡されていたとしたら、目次のあたりですでに力尽きていたかもしれません。

一方で、どんなことにでもＩＣＴ機器を用いることを重んじているわけではありません。かつては、教室内の掲示物を作成するとき、とりあえずパソコンを開いてはポチポチしていました。他のクラスや次年度にも再利用できるというよさもあります。しかし、今では子どもたちの目の前で即興で書いたものや、そこにオリジナルのキャラクターを描き入れたものを掲示するようになりました。それは、そこに温かみを含ませたいと願うからです。

結局のところ、**「何のために、何を活用するのか」が大切**なのでしょう。

ＧＩＧＡスクール構想の起こりから、ＩＣＴ環境の整備と活用が進められて数年が経ちました。地域や自治体によって差があるかもしれませんが、まだ、ありふれた学習用具のうちの1つとは言い難いのが実際ではないでしょうか。

多くの場合、その利活用の仕方について議論をしていたり、すでにあるカリキュラムに組み込もうとしていたりする過程にあります。

では、そんな手探りな状態でありながら、どうやって教室での学びに役立てていけばよいのでしょうか。私は、この課題にも「子どもたちと模索し合うこと」を大切にしながら、取り組んでいくことがよいのではないかと考えます。

従来は、教師がよりよいモデルや使い方を示して、子どもたちがそれに沿って扱っていくものだったのでしょう。教師にとっても子どもにとっても、ある程度の筋道が立った利活用を進めることができるかもしれません。

しかし、それでは**「何のためにＩＣＴ機器を活用するのか」を子どもたち自身が考える機会を奪ってしまうことにもなりかねません。**

子どもたちにとって、ＩＣＴ機器は当たり前の道具か、特別な道具か。

この二択の問いに、子どもたちはどちらか一方を選び、素直に自分の答えを返してくれることでしょう。しかし、大切なのは、ＩＣＴ機器の扱いに長けているかどうかや、不安があるかどうかを把握することではありません。

子どもたち自身が、自分とＩＣＴ機器とがどうつき合っているかを振り返る、その行為にこそ意味があるのだと思います。

子どもたちの返答を笑顔で受け止めた後「じゃあ、これまでにどんなことをしたことがある？」「どんなことができる？」「気をつけた方がいいことは？」「これからは、どんなことをしてみたい？」「もし、タブレットがなかったら？」など、折に触れて、問いかけてみましょう。

それらを一緒に考えていけたら、それでよいのです。

【引用・参考文献】

・西川純『ＧＩＧＡスクールを成功させる教師の言葉かけ』東洋館出版社（２０２２）

自由って、どういうことを言うんだろうね？

［教室の中での自由について考える場面が訪れたとき］

突然だけど、みんなは「子どもの権利条約」って知ってる？

なにそれー、はじめて聞きました！

うん、きっとそうだよね。実は、大人でも知らない人が多いです。

簡単に言うと「だれもが自由に生きることができる権利を大切に守りましょう」というう約束のことで、世界の多くの国々がこれに賛成しているんだ。

へぇー、知らなかった。自由ってちゃんと認められてるんだ！

そうなんだよ、みんなには勉強する権利もあれば、遊ぶ権利もあるんだよ。

ところで、その**自由って、どういうことを言うんだろうね？**

第1章
子どもたちの手で学級を築いていくための
問いかけ

「子どもの権利条約」とは、1989年の第44回国連総会において採択された条約で、世界のすべての子どもたちがもつ権利を定めたものです。日本は1994年に批准しています。教育を受ける権利や、あらゆる暴力からの保護、表現の自由など、前文と54にわたる条文からなり、生存、発達、保護、参加など、様々な権利を具体的にまとめています。子どもたち自らが有し、そして行使する権利なのですから、その内容についても、子どもたちと一緒に発達段階に応じた十分な理解を目指していきたいところです。

さて、この条約の中で多く見られるワードに「自由」があります。この自由というワードを見ると色めき立ってしまうのが、人間なのでしょうか。「自由になんでもやっていいよー」なんて言われると、何だかよくわからないけれど、つい浮ついて、心を高鳴らせてしまうものです。

ここで心を鎮めて、冷静にまわりを見渡すことができるようなら、それはもう立派な大人と言えるのかもしれません。でも、そんな本当の大人って、なかなかいないものです。では、そんな自由の行使の仕方は、どうしたら身についていくのでしょうか。

自由はだれしもが生まれながらにもっているものです。しかし、**ある時期がくれば、勝手に行使できるものでもありません。**

だれしもがもっている権利、そしてそれを自由に行使することができる権利がある。しかし、その権利の行使が、他者の自由を脅かしてしまってはいけない。

そんな大切なことを学ぶことができるのが、他ならぬ学校の役割ではないでしょうか。なぜなら、子どもたちにとっての社会の入り口として、身近な学校があり、教室があるのですから。

であるならば、教室で権利や自由について話題にし、様々な実体験を伴いながら学んでいくことが欠かせません。自分には、どんな権利があるのか。その権利はどうやって行使していけばよいのか。互いの自由と自由がぶつかり合うことはないのか。もし、ぶつかり合ってしまったらどうしていけばよいのか、を。

哲学者の苫野一徳さんは、著書の中で「お互いがお互いに、相手が〈自由〉な存在であることを、まずはいったん認め合うこと」こそが、だれしもが脅かされずに自由に生きるための考え方であると主張され、これを「〈自由〉の相互承認の原理」と名づけています。

主張するだけの自由は自由ではなく、「わがまま」と呼ぶのだと私は考えます。

一方で、**自分の自由と他者の自由は否応なく干渉し合ってしまうものである、という前提に立って、行使を試みるのが「自由」**なのではないでしょうか。

人は本来、自由を欲するもの。

そして、自分が自由を欲しているのならば、他者も欲しているもの。

だからこそ、自由と他者との関係を理解し、他者との相互依存を認識していこうとすることで、だれにとっても安心で安全な教室づくりを目指していくことができるのです。

【引用・参考文献】

・苫野一徳『勉強するのは何のため？　僕らの「答え」のつくり方』日本評論社（２０１３）ｐ．１１６

[自分で選択や判断をしない子どもに自己決定を促すとき]

あなたはどうしたいんだっけ?

(授業中)

センセー、トイレ行ってきてもいいですか?

はいはい、どうしたの?

休み時間にトイレに行くの忘れちゃって。

そういうこともあるよね。あなたはどうしたいんだっけ?

今、トイレに行きたいです!

そうだよね、あなたのことはあなたが決めていいんだよ。もちろん行っておいで。

次からは「トイレ行ってきます」のひと言でいいからね!

日々の生活の中で、子どもたちに許可や承諾を求められる場面のなんと多いことでしょう。「トイレに行ってもいいですか？」「お水を飲んできてもいいですか？」「外に遊びに行ってもいいですか？」…など、あげたらキリがありません。

「まったく、最近の子どもたちは…」と憂えてしまう一方で「なぜ子どもたちは大人の顔色をうかがうような言動をするのだろう」と考えてしまうものです。

しかし、考えれば考えるほど「それは子どもたちのせいではないのではないか。もしかしたら、子どもたちのそのような姿を招いてしまっているのは、子どもたちに関わる、私たち大人側の責任なのではないか」と思うようになりました。

それからというもの、私は子どもたちに「先生はあなたの味方でいつでも応援している存在だよ」「あなたがどうしたいと思っているのかを教えてね」「先生に手伝えることがあるなら言っていいからね」といった思いを、様々なメッセージに添えて伝えるようにしています。

改めて、なぜ子どもたちは自分の行動の決定を、他人に委ねるようになってしまったのでしょうか。また、なぜそういったことが学校生活の中でも当たり前になってしまっているのでしょうか。その答えは、**これまでに子どもたちと過ごしてきた大人の関わり方に原因がある**ように思います。

教育とは、教え導くこと。子どもたちに正しい知識を身につけさせ、よりよい考え方や行動様式を獲得させながら、大人に向かわせていくことである。

この考え方を否定はしません。社会の生産性を向上させていこうとしていた、かつての日本全体のニーズに応え得る人材を育むためには、全員が1つの目標に向かって、一丸となって取り組めることが欠かせませんでした。

監督者にとっては、あらかじめ決められた型や枠組みを示すことが管理のしやすさにつながり、生産者にとっては、すべからく求められるニーズに応え続けることが、雇用され続けることの安心感につながっていました。

この構図は、学校教育の中でも同じでした。

時間や場をできる限り制御し、子どもたちに一斉一律型の生活と学びの場を設けていました。水飲みやトイレへ行くことなど、生理現象に関することまで、逐一報告させている現状がその名残でしょうか。ましてや、それらの許可を得たり、与えたりすることにだれも疑問を挟まないことも大きな問題です。

大人同士が職場で議論し合っているとき、突然、上司に「トイレに行ってきてもいいですか?」と言うものでしょうか。少し申し訳ない表情を浮かべて「すみません、少しの間だけ席を離れます」とだけ周囲に伝え、できる限りすみやかに事を済ませ、何事もなかったかのように話し合いの席に戻る。これが当たり前ではないでしょうか。

世の中では行われていないことを、なぜか子どもたちにはやらねばならぬこととして、押しつけてしまっている。そして、それが子どもたちの主体性や自律の芽を摘み取ってしまっていることに、そろそろ大人たちは真正面から向き合い、子どもたちにもその誤りを伝えていかなければならないと私は考えます。

【引用・参考文献】

・工藤勇一・青砥瑞人『最新の脳研究でわかった！ 自律する子の育て方』ＳＢ新書（２０２１）

［新しい髪型や服装で登校してきた子どもに気がついたとき］

あれれ、もしかして…？

おはよーございます！

おはよーございます！

おはよーございます！

おはよーございます！　あれれ、もしかして…？

えへへ、昨日、髪切ったんだよねぇ。

やっぱりそうだよねぇ。いいじゃん！

自分のことに興味や関心をもってもらえるとうれしい気持ちになるのは、子どもも大人も同じでしょうか。私も「あれ、髪切った?」とか「なんかそれ新しい服だよね?」なんて声をかけてもらえると、ちょっとこそばゆい気持ちになります。

私の数少ない特技の1つに「相手のヘアスタイルの変化に気づく」というものがあります。前髪を切ったときなんてすぐに気づいてしまいます。たまに空振りをしてしまうこともありますが、「あれれ、もしかして…?」なんて言うと、多くの場合がヒット。相手の白い歯がこぼれる瞬間をゲットすることができます。

一見あまり効果のなさそうなこの問いかけですが、子どもたちとの関係を築き、親近感を増していこうとするうえで、私にとってはもはやかけがえのないフレーズとなっています。

子どもたち一人ひとりの特徴や様子を日頃から観察している成果でしょうか。そして、子どもたちもこの問いかけを楽しみにしているような様子もあるのです。

さて、あいさつやあいさつからのひと言を交わすことのよさは、様々な視点から語ることができるでしょう。

ここでは、心理学の**「対人魅力」**というキーワードから紐解いてみたいと思います。対人魅力とは、**人が他者に対して抱く好意的な態度**のことをいいます。対人魅力に関係する主要な因子として、近接性、身体的魅力、類似性、相補性、好意の返報性などがあげられます。これらの中で、あいさつを交わす際の対人魅力に影響するのは、近接性と類似性、好意の返報性が考えられます。

あいさつを交わす際、お互いの体と体の距離が自然と縮まります。これは、アメリカの心理学者ロバート・ザイオンスが唱えた「単純接触効果」も含まれます。さらに、あいさつの仕方、表情や声のトーンを子どもと合わせてみてもよいでしょう。自分と態度や価値観の似た相手に好意を感じるのが、類似性です。そして、好意の返報性。自分に好意や興味を抱いてくれる人に対して、同じように好意や興味を抱くことがあります。**子どもたち一人ひとりとよりよい関係を築いていきたいと願うなら、最初の一歩を踏み出すのは、私たち教師の側から**ではないでしょうか。

もちろん、朝のあいさつに添えるひと言のレパートリーは、多いに越したことはありません。時には、朝から多忙で、あいさつをしたり返事をしたりするだけのときがあっても仕方がないでしょう。それでも私たちは、子どもたちとの朝の出会いから、特別な瞬間を演出したいものなのではないでしょうか。私にとっては、それが相手の変化に気がつくことなのです。

さて、**こんなやりとりにも慣れてくると、子どもたちの方からこちらに向けてしかけてくれることもあります。**それは、出会った瞬間の表情でわかるものです。「センセー、早く違いに気づいてよー」と言わんばかりの笑顔ですから。他にも、気づいてもらうまで我慢できず、自分から髪型の変化や新しい服の報告をしてくれる子どももいます。

でも実は、一番気づいてほしいと願っているのは、私自身なのかもしれません。

「センセー、今日は髪型がいつもと違うね」「今日は眼鏡なのー。どうして？」

こんなことを言われると「よし、今日もがんばろう！」とスイッチが入るものです。

［顔色や様子がいつもと違う子どもを見かけたとき］

あれっ、どうした？ 気のせいかな？

（休み時間を終えて、子どもたちが教室に集まってくる）

楽しかったねー。昼休みにも続きをやろう！

うん、ぜったいにやろう！

…

おかえりー（むむ、あの子、いつもと様子が違うぞ）

あれっ、どうした？　気のせいかな？

いや、うん、実は…

子どもたちの様子の変化にできる限り気づける存在でありたいと願っていることは、前項でも述べた通りです。そして、その変化というのは、ポジティブなものもネガティブなものも含みます。

ポジティブな話題は口に出して話題にしやすい一方で、ネガティブな話題はなかなか口に出しにくく、相手に伝えるのも憚られることがあります。

しかし、これから学習に取り組もうとする中で、休み時間に起きた楽しくない出来事やその気分を引きずったままでいるのは、その子にとっては何のメリットもありません。

休み時間にすべての子どもたちが楽しい思いをして教室に戻ってくるとは限りません。

そこでの友だちとのすれ違いやいさかいも、子どもたちの社会性やソーシャルスキルを育んでいくためには、欠かせない出来事でしょう。しかし、他人が見てわかるほど苛立っていたり、ふさぎ込んでいたりするならば、それはすでにその子にとって解決し得る範疇を超えてしまっているのかもしれません。

さて、私たちがよく使ってしまう言葉に「大丈夫?」というものがあります。私の経験上「大丈夫?」と声をかけて「いや、実は…」と返ってきた試しがありません。気をつかわせてしまっているのでしょうか。

「何があったの?」「どこか痛いの?」「いやな気持ちなの?」と少しくらい決めつけて問いかけてしまった方が、子どもたちは本音を語ってくれるものです。起きた出来事やそれからの経過、そして今の自分の気持ちを簡単に言語化できるくらいなら、相手の友だちや出来事との折り合いをつけて教室に戻ってくるでしょう。

それでも子どもの方から「大丈夫です」や「別に」のような言葉が返ってきたときは「そっか。それは失礼。でもまた、『あれっ?』って思ったときには声をかけちゃうかもしれないから、許して」とだけ伝え、その場を離れます。

よほど子どもと教師との関係がこじれていなければ、このやりとりだけでも、子どもは見守られている安心感を得られるでしょう。いつか心を開いてくれるものです。

一方で、子どもからのSOSや困り感がもたらされたときにはどうすればよいでしょうか。これは、話を聞くこと、**言い足りないことがなくなるまで聞くことが大切**です。

このとき、子どもの興奮や涙が収まらない様子であれば、私は必ずタイムアウトを設けます。授業時間が始まるタイミングであれば、本時の活動の導入を行うなど、全体への指示を行う時間にもできます。そして、その間に当該の子どもは、トイレや水飲み、顔洗いなどを済ませ、先ほどより落ち着いた状態に戻ることができます。

ここまでたどり着いたら、どこか教室の外の落ち着ける場所で、腰を据えて傾聴を行いましょう。決して難しいことはありません。「うんうん」とうなずきながら聞き、時には子どもの言葉をオウム返ししたり、「あなたは、本当は○○したかったんだね」などと言い換えたりしていきながら、**心を込めて聞く**のです。

「先生、気づいてくれてありがとう」

私がある子どもにもらった、最高の言葉の1つです。

いつもの元気なときが10、一番よくないときが0として、今どれくらい？

［体調不良を訴えてきた子どもの容態を案じるとき］

センセー、ちょっと頭が痛いよ。

ちょっと頭が痛いか、心配だな。いつから痛い？

少し前から、だんだんと痛くなってきた感じ。

いつもの元気なときが10、一番よくないときが0として、今どれくらい？

4くらいかな。

元気が半分もないんだね。熱を測って、少し休んでおこうか。

飲み物をそばに置いておいてね。

心と体の健康が、学校生活の一番の基盤であるのは、言うまでもないことでしょうか。それぞれのケースには、複雑な背景が隠されていることもあるかもしれません。それでも心身の不調をわざわざ訴えに来てくれたことに、共感の気持ちをもって、肯定的な受容を心がけていきたいものです。

さて、ここでの問いかけには**「スケーリング・クエスチョン」**と呼ばれる手法を用いています。アメリカの心理学者、スティーヴ・ド・シェイザーとインスー・キム・バーグを中心に開発された心理療法で、解決志向ブリーフセラピーの中で使われます。対象となる人物の抽象的な事象を数値化することで、解決に向けた会話を促進する効果があると言われます。

私たち教師は、ドクターやナースではありません。それでも、子どもたちの心配と不安に寄り添いたいという気持ちと、なんとか解決への糸口を見いだしたいという気持ちは人一倍強いものです。**的確な診断や評価をするためではなく、子どもたちの声にならない声に耳を傾けるためにも、ありとあらゆる問いかけ方を携えておきたい**ものです。

さて、子どもからのSOSを受けた中で、忘れられない経験があります。それは普段の授業中、何気ない瞬間でした。あまり自分から話しかけに来ることのないある子が私のところに来て「気分が悪いです」とひと言だけ言いました。ちょうど活動の最中で、全体に向けて次への方向づけをしようと話すタイミングでした。

「今ちょうど全体に向けての話をしようと思っているから、その後でもいい？」とだけ返事をして、少し時間を空けてからその子どもとの時間を設けようと考えていました。しかし、この判断がその後の出来事を招いてしまいました。

全体への指導を優先している間に、その子は教室内で嘔吐してしまい、結果、早退することになりました。

SOSを早いうちから私に伝えていたにも関わらず、私はそれをすぐに受け止めませんでした。さらに、友だちのいる目の前で嘔吐をさせてしまい、それは深く傷ついたことでしょう。その子どもと保護者の方には、何度も重ねて謝罪をしましたが、過ぎてしまった出来事は変えられません。自分の対応を見直すきっかけとなりました。

それからというもの、心身の不調の訴えには、すぐその場で対応することを自分との約束事としました。その具合や様子に違いはあれど、**「まずは一度先生に聞いてもらえた」という感触をその子どもの中に残す**ことを目標としています。

それは、子どもの訴えをすべて聞き入れるということではありません。

例えば、突然「センセー、ちょっと保健室に行ってきます」という訴えがあったとします。ノータイムで「わかったよ、行っておいで」と言うわけではありません。「どうしたの？　どこか痛む？」と聞くと「おなかが痛くて」と返ってくることがあります。すると、よほどのことでなければ、まずはトイレに、という判断ができるでしょう。「保健室の先生も、おなかが痛いことを治してあげることはできないから、まずトイレに行って、落ち着けてみるのはどう？」などと提案します。大抵の場合は、これですっきりとした表情で戻ってくるものです。

デリケートな話題だからこそ、繊細さとゆとりをもって対応していきたいものです。

【朝、前日に欠席した子どもと出会ったとき】

また後で声をかけてもいい?

おはよーございまーす!

おはよーございまーす!

(前日欠席した)○○さん、会いたかったよー。調子はどう?

だいぶよくなりました、元気です!

それはよかった!　でも今日一日無理をしないでね。

また後で声をかけてもいい?

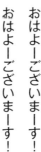

自分が子どものころ、体調不良などで欠席した次の日の登校は、いつもと違って気持ちがどこかソワソワしてしまったものです。「友だちになんて言われるかなぁ」「授業ではどんなことをしたのかなぁ」などと。

教室に入るまでにも、通学路や昇降口で友だちとはすでに出会っていることでしょう。「あぁ、思い出した。学校ってこんなところだったな」と落ち着かなかった気持ちもだんだんと薄れ、気持ちが上向きになることもあります。それでもやはり、教室に飛び込んでいくというのは、また少し違ったハードルの高さがあるのかもしれません。**教室で子どもたちの登校を待ち受けている立場として、少しでも爽やかで軽やかな雰囲気の演出を心がけたいもの**です。

「また後で声をかけてもいい？」

この問いかけには、様々な役割を担わせることができます。例えば、再び時間を空けて体調を気づかう声かけをすることができます。さらに、学習の進捗を気にして、既習を確かめる声かけもスムーズに行うことができます。他には、休んでいた間の配付物や連絡事項についても、時間を設けて確認することができます。

よく使ってしまう言葉に「何かあったら言ってね」というものがあります。これだけを投げかけて、何かあったときに教えてくれるなら簡単ですが「大丈夫？」の問いかけの作用と同じで、あまり効果を感じたことはありません。

助けをいつでも求められる環境や機会を子どもに委ねて手渡すことも大事ですが、特に健康面に関することは、こちらから積極的にアクションを起こしていくことも欠かせないと私は考えます。

そしてまた、こうした問いかけや言葉かけを、そばにいる子どもたちもよく聞いているものです。「どうしたの？」「何があったの？」と友だちを案じてくれる子や、自分に何か困ったことが起きたときの出来事と置き換えて話を聞いている子もいます。

そういった目には見えないセーフティネットがしっかりと教室の中に張り巡らされていることが、すべての子どもはもちろん、一部の子どもや特定の子どもにとっても安心安全に過ごすことができる教室づくりに役立つのだと信じています。

「また後で声をかけてもいい？」

そう問いかけた子どもに、学習が始まったタイミングで声をかけたことがあります。

「どう、今日のミニレッスンは終わったけれど、どこから始めようか？」

そう聞くと、その子は「うーん、休んでる間にみんなが進めてるところがまだできてないから、少し戻ったところからやりたいなぁ」と答えてくれました。

そんなやりとりをそばで見ていたまわりの子どもたちは、力になりたくてうずうずしているではありませんか。私がどこから説明をしようかと考えているそばから、その子のそばに寄っていって、教科書やノート、ドリルを広げて作戦を考え始めています。

私はというと、そんな様子に感謝をしつつ、そっとその場を離れるだけです。セーフティネットを張るためのきっかけづくりは、確かに教師の役割です。しかし、**子どもたちにとっての本当の意味でのセーフティネットは、子どもたち相互の関わり合いや励まし合い、助け合い**ではないでしょうか。

【授業中、トイレや水飲みに行きたいと申し出があったとき】

トイレや水飲みは…？

センセー、トイレに行ってきてもいいですか？

はいはい、どうしたの？

休み時間にトイレに行くの忘れちゃって。

そういうこともあるよね。トイレや水飲みは…？

あっ、そうだった！　センセー、トイレに行ってきます！

はーい、行ってらっしゃい！

トイレや水飲みへ行くことなど、生理現象に関することを、子どもが許可を求めたり、教師が許可を与えたりすることが当たり前になっているのが学校という場所です。

一般的な世の中ではどうでしょう。例えば、職場で会議に参加して議論しているとき、上司に「トイレに行ってきてもいいですか？」と言うものでしょうか。少し申し訳ない表情を浮かべて「すみません、少しの間だけ席を離れます」とだけ周囲に伝え、できる限りすみやかに事を済ませ、何事もなかったかのように話し合いの席に戻る。これが当たり前ではないでしょうか。

世の中では行われていないことを、なぜか子どもたちにはやらねばならぬこととして、押しつけてしまっている。そして、大人も子どももそれが当たり前であると信じて疑わない。

先にも述べましたが、そんな些細なことが、子どもたちの主体性や自律の芽を摘み取ってしまっていることに、そろそろ大人たちは真正面から向き合い、子どもたちにもその誤りを伝えていかなければならないと私は考えます。

それでもやはり「いいですか？」「いいですよ」のやりとりが必要であるという主張を聞いたことがあります。子どもに判断を委ねてしまうと、授業中に何度も離席することになり、集中力を欠いて、学習内容が定着しなくなる。また、授業中に勝手に離席されてしまうと、所在がわからなくなり、安否確認ができなくなる、と。

言いたいことはよくわかります。私もそう考えていたころがありました。しかし、**もしも授業中に必要以上にトイレや水飲みに行かなければならないのであれば、それはもはや、その子の心身に関する問題**であり、一般化して論じるものとは切り離すべきでしょう。

また、そうでないにしろ、**集中が持続できず、教室からのエスケープを繰り返してしまっている実態があるなら、授業改善に目を向けるべき**です。子どもにとって、楽しいものは楽しい、つまらないものはつまらないのです。もしも、子どもたちに「もっと学習していたい」「途中で抜けるなんてもったいない」と思わせたいのなら、一斉一律の講義型の授業から脱却してみようとするのも1つの手かもしれません。

一方で、子どもの所在がわからなくなることで、何かが起きたときの安否確認ができなくなるという心配には、私も賛成です。おそらく多くの先生方が「いいですか？」「いいですよ」のやりとりを無限に続けているのも、これが理由ではないでしょうか。

しかし、それでもやはり「先生、トイレに行ってきます」という報告をしてもらうだけでよいはずです。なぜなら**「トイレに行ってもいいですか？」と聞かれて「行ってはいけません」なんて答えることはありえないから**です。私たち教師には、子どもたちの生理現象を制限する権利なんてないのですから。

私は、この「いいですか？」「いいですよ」のやりとりについて、必ず4月の初日に子どもたちに説明をしています。「きっと今までこうだったよね。言いづらいときもあっただろうに、ごめんね。これからは、こっそり宣言するだけでいいからね」と。

学年によっては、ハンドサインを決めることもあります。遠くから私の方を見て、アイコンタクトとハンドサインを飛ばしてくれると、そのやりとりだけで仲良しです（笑）

[行事に取り組む意図をもたせたいとき]

みんなはどんな行事にしていきたい？

では、今日はこれから取り組む運動会のオリエンテーションをするよ！

わーい、運動会だ！　楽しみだなぁ！　あれっ、オリエンテーションって何？

オリエンテーションとは、私たちがなぜ運動会に取り組むのか、どんなゴールを目指すのか、どうやって取り組んでいくのかを考える時間のことだよ。

えー、何だか難しそう…。

そうだね、でもこんなことを考えるのがとても大切なことなんだ。
では、はじめに、この運動会をみんなはどんな行事にしていきたい？

「小学校学習指導要領（平成29年告示）解説 特別活動編」では、学校行事を「児童が日常の学習や経験を総合的に発揮し、発展を図る教育活動であり、各教科等では容易に得られない体験活動である」と位置づけています。

また、子どもたちが学校行事の意義や活動を行ううえで必要となることについて理解し、主体的に考えて実践できるように指導することの必要性が求められています。

教科等の学習でも、私たちはなぜこの学習に取り組む必要があるのか、何ができたらよしとするのか、どんな方略でそこまで迫っていくのかを、折に触れて子どもたちと確認し、共有していくはずです。

であるならば、学校行事でもそれは同じです。単に、カレンダーの中に位置づけられているから取り組むのではありません。これまでも毎年行われてきたことだから今年も取り組むのではありません。大人たちがその在り方を常に考え続けるのと同じように、**実際に取り組む子どもたちにもその在り方を考える機会を設けていきたい**ものです。

さて、「自己決定理論」というものを聞いたことがありますか？

アメリカの心理学者、エドワード・デシとリチャード・ライアンによる理論で、**これまで内発的動機づけ・外発的動機づけと二項対立的な枠組みで捉えられていた動機づけを、自律性の程度によって連続的に捉え直すモデル**のことです。

学校教育では、よく外発的動機づけとしての「トークン・エコノミー法」の是非が議論になります。トークン・エコノミー法とは、がんばった子へのご褒美シールやクラスでよいことが起きたときに貯めていくビー玉貯金など、「トークン＝ご褒美」を活用して、子どもの好ましい行動を引き出そうとする方法です。即時的に適切な行動の強化を図ることができる一方、その持続性に課題があるのも事実です。

トークン・エコノミー法の是非を問うてしまうのは、かつての二項対立的な枠組みでの思考にとらわれてしまっているからに違いありません。自己決定理論の考え方を用いれば、**活動に価値や意味を見いだしていく中で、外発的動機づけが自律的なものに変化していく**としています。そのためには、教師の関わりとして、**子どもたちの活動への自己決定の度**

合いを徐々に引き上げていくことが必要になります。

ところで、子どもたちは、どのような動機づけで行事に向けて取り組んでいるものなのでしょうか。

「やると決まっているものだからやる」「国語や算数などの教科の時間が少なくなってうれしい」といった、強い外発的要因による理由も決して否定できません。もう少し自己決定の程度が高くなると「先生にほめられるから」「うまくいったらご褒美をもらえるから」といった具合でしょうか。さらに進んでいくと「自分にとって大切なことだから取り組みたい」「自分が積極的に参加することで行事を成功させたい」などとその考え方もより高い次元になっていくものです。

そして、最も内発的動機づけのグラデーションが濃くなると「挑戦していること自体が楽しい」「何かに向かって励んでいる自分が好き」と自分の内側に理由や目的を見いだすようになります。

ここでの問いかけの理由は、**そのスタート地点を自分自身が知ることにある**のです。

［一年の途中に成長の節目を設けていきたいとき］

節をたくさんもっている植物って知ってる？

今日はみんなに、成長の節目をつくっていくことの大切さを伝えるよ。

セイチョウノフシメ…？

突然だけど、節をたくさんもっている植物って知ってる？

実はこの植物は、節があるおかげで、とても強くてしなやかなんだ。

ひまわりだと思います！

たんぽぽだと思います！

さて、みなさんはこの問いかけの答えにあたる植物は何だと思いますか。

私も決して植物に詳しいわけではありませんが、正解は「竹」です。竹のもつ構造的特徴は、他の植物には見られない特有のものであると言われ、中身が空洞の円柱形で、さらにその円柱と円柱の間に節を有しています。厳しい環境下でも高く強く成長するために、進化の過程で獲得してきた形態です。

竹は、その構造的特徴から、とても強くしなやかであると言われています。また、竹は地下茎と呼ばれる根の役割を果たすものが地面をつかみ、縦横無尽に伸びて他の仲間とつながっています。「地震が起きたときには、竹藪に逃げよ」という言い伝えの賛否はありますが、そう信じて疑わせないほど地盤を根強く固めて、互いを支え合っています。

お預かりしている大切な子どもたちを竹になぞらえるのは申し訳ない気もしますが、その成長の過程に築いていきたい節目の大切さと、これからを強くしなやかな心で成長していってほしいという願いを込めて、話の続きを書きます。

実は、正解は「竹」でした。

さて、なんで先生は急に竹の話をみんなにしようと思ったのか。そうだね、最初に、成長の節目をつくっていくことの大切さを伝えるよ、と言っていたね。

竹という植物は、他の植物と比べてもとても強くて簡単には折れない植物なんだ。みんなも知ってる通り、中身が空洞なのにだよ。それは「節」と呼ばれるものが大切な役目を果たしているんだ。

例えば、このあたりをとても強い雨や風が襲ったとしよう。大抵の植物や樹木は、じっとこれに耐えて凌ごうとするんだけれど、ある限界のところがくると折れてしまう。仕方がないよね。そして、折れてしまったものはもう元に戻ることができない。

でも、竹は違う。中身が空洞でありながら、この節があるおかげで、上手に自分をしならせながら雨や風の力を受け流して耐えることができる。だから、竹は強い雨風が通り過ぎるのをじっと待って、また成長を続けていくことができるんだ。

実は、これはみんなにとっても同じこと。私たちも月日が経っていけば自然と心と体が育っていくよ。でも、**その成長の途中で意識をして節目をつくっていかないと、強くてしなやかな人間にはなれないんだ。**

みんなは、これからたくさんの難しいことや苦しいことと出会うかもしれない。そんなときに、どうかそんな困難を乗り越えて、前に進める人になってほしいんだ。

だから今日はみんなに、その節目のつくり方を説明するね。

【引用・参考文献】

・佐藤 太裕、谷垣 俊行、佐藤 諭佳、島 弘幸、井上 昭夫「竹の節・組織構造が織り成す円筒体としての合理的な構造特性の理論的解明」土木学会論文集A2（応用力学）、Vol.72,No.2（応用力学論文集 Vol.19（２０１６））
・岩瀬直樹・甲斐﨑博史・伊垣尚人『子どもたちが主役！ プロジェクトアドベンチャーでつくるとっても楽しいクラス』学事出版（２０１３）

［一年の最後に自分たちの成長を振り返り、次への展望を抱かせたいとき］

今の自分にどんな言葉のプレゼントをしてあげようか？

あっという間の1年が過ぎてしまいました。
今日は時間を取って、1年の成長の節目をつくる時間にしたいと思います。

もうすぐ○年生かぁ。1年間は早かったなぁ。

そうだねぇ。きっと次の1年間もあっという間だろうね。

さて、今年1年、みんなそれぞれがんばって生活や学習に取り組んできたよね。
今の自分にどんな言葉のプレゼントをしてあげようか？

言葉のプレゼントかぁ…。

節目を設けることの大切さは、先に述べました。ここでは、一年を締めくくり、また、新たなスタートを切るための大きな節目を設けようとしています。ですが、これまでとは違う節目のつくり方をしようとするわけではありません。

私が考える節目のつくり方、それは月並みですが、**めあてを立て続けることと振り返りをし続けること**、それに尽きます。さらに、**このめあてと振り返りの言葉は、子ども自身が考えた意味のある表現でなければなりません。**

私たち教師は、普段何気なく子どもたちに「めあてを書くよ」「振り返りを書くよ」と言ってはいませんか。しかも、本来一人ひとりによって異なるはずのめあてや振り返りを、だれかのつぶやきや教師の意図で一律の言葉で書かせてしまってはいませんか。

なぜ、個に応じためあてや振り返りが必要なのか。それは、ゲームで言えばセーブポイントを設けるためです。ゲームでも、エンディングを迎えるための最後の一点は同じでも、通るルートや、手にしているアイテム、状況はそれぞれ違うのですから。

めあてには振り返りが含まれ、振り返りにはめあてが含まれる。これは、続けていくとわかります。もう少し噛み砕いて言うなら、**新しいめあてを立てるときには直前の振り返りを参考にすることが欠かせないし、これまでの振り返りを行うときにはその後のめあてにつながる展望を込めることが欠かせない**ということです。

これが、めあての立てっぱなしと振り返りのやりっぱなしを防ぐ大切な考え方です。

しかし、そんな考え方を、子どもたちはどうしたら身につけていくことができるのでしょうか。

学びとは、知識を見聞きして知るだけのことではありません。体験を通して得ることができた気づきや実感とその蓄積のことも学びというはずです。であるならば、めあてと振り返りを繰り返し考え続け、自分の実際の取組と照らし合わせることができる。そんな機会を設けていくことが、私たちにできる支援なのではないでしょうか。

そして、そんな学びに取り組んでいる仲間同士が自然と結びつき、高め合っていくような教室の環境づくりにこそ、私たちのマインドが垣間見えるのではないでしょうか。

節目を設けること、めあてと振り返りを考え続けること、活動に取り組み続けること。これらはすべて、学びを得るためにしていることです。そこで、学びを得るということは、自分の外側を知るのではなく**「自分について知ること」**と捉えてはどうでしょう。

その意味で、自分に与える言葉のプレゼントとは、自分自身の新たな気づきを得られたことへの感謝や労いの言葉を生み出すことであり、自分を価値づける大切な行いです。

さて、私は年間を通して、決められた時間の中で、できるだけ多くの文量を書くことを求めています。それは、**内なる思いをとにかく出力しようとする過程で心と頭が働き、本人すら想像しなかったものが紡ぎ出される**と信じているからです。

一方で、昨今はＩＣＴ機器の普及もあり、写真や動画、イラストなどで記録を貯めていくことも容易になっています。もしかしたら、あまり浸透しきれていないキャリアパスポートも、様々な形式でのアウトプットやログの在り方を想定していたら、また違った広まり方をしていたのかもしれません。

第2章
自律的な学習者を育むための問いかけ

【授業開きで学習に取り組む目的を子どもたちと確かめ合うとき】

どんなメガネで見ることができるかな?

これから、○○の学習を始めます!

始めます!

さて、突然ですが想像してみてください。
みんなの目の前に大きな木があります。その木にはりんごの実がなっています。
あっ、ちょうどりんごの実が1つ、枝から地面に落ちてきた!
はい、この出来事を、みんなは**どんなメガネで見ることができるかな?**

メ、メガネ…?

第2章
自律的な学習者を育むための問いかけ

２０２０年度より小学校で全面実施された現行学習指導要領。その中で、深い学びの実現のためのカギとして、「見方・考え方」を働かせることが重要であると謳われています。それは、子どもたちが目の前の問題や課題に対して、それぞれの教科等の固有の視点をもって習得、活用、探究に取り組むことを表しています。

あるとき、ふと「どうして学校での学びは、教科というものによって区切って分けられているのだろう」と疑問に思ったことがあります。みなさんはそんなことを思ったことはありませんか。「教科横断的」という言葉もよく聞かれますが、重なり合っている部分も非常に多く、なんだか大人の都合で分けられてしまっているような気がしてなりません。

それでも子どもたちは、毎日、教科に沿った学習に取り組んでいきます。時間割を見て、ちょっとつまらなそうな顔をする子、ガッツポーズをする子がいます。得意なものがあれば、苦手なものもあるのが人間です。しかし、どんな学習でも学ぶことそのものを楽しんでいきたい。なのに、教科によって好き嫌いを生み出してしまっているのならば、教科という枠組みなんてなくなってしまえばいいのに…と、これは言い過ぎでしょうか。

思い切って子どもたちに「〇〇（教科名）が好きな人？」と聞いてみたことがあります。そして手をあげてくれた子どもに、その理由を問うてみました。すると、ご想像の通り「だってテストでいい点が取れるから！」や「体を動かすのが好きだし、テストがないから！」と正直に教えてくれました。

そのときに私は**「この子たちは、『教科』をどの教科書を使うか、テストがあるかないか、または学ぶ教室の場所などで区別して捉えているんだな。これは、『見方・考え方』を子どもたちなりに捉えられるように伝えていかなければならないな」**と考えるようになりました。

そこで、このメガネの問いかけです。

例えば、りんごの実が枝から地面に落ちてきたときの情景を、言葉を工夫して相手に伝えようとするならば、そのときは国語のメガネをかけているのかもしれません。その情景を絵や形にして表そうとするならば、図工のメガネでしょうか。「食べたらおいしかったなぁ。あといくつ食べられるかなぁ」なら、算数のメガネと捉えることができます。

どうでしょう。得意か苦手かの感触はあるかもしれませんが、好きか嫌いかの感情は生まれないはずです。

こんなことを子どもたちに伝えると、さっきまで国語が苦手で嫌いだと言っていた子どもが「『りんごが落ちてきた』じゃつまらないから、『りんごがヒューーーっと落ちてきた』っていうのはどう？」なんて言い出すではありませんか。

そこですかさず「えー、すごい！　天才を見つけちゃった。国語の天才だよ。国語の天才は言葉にこだわるんだよね！」と言うと、「ぼく、やっぱり国語は得意かもしれないな」と鼻を高くします。こうした実感を経て、子どもたちは国語という教科の学習に対して、ほんの少しの自信と期待をもって取り組むことができるようになります。

小さなことかもしれませんが、これをそれぞれの教科の最初の時間に行っていくと、子どもたちの方から「道徳だったら、勝手に落ちてきたりんごを食べるのは正しいことなのかどうか」などと**先回りして考え出すようになります。**また、**新しい単元が始まるときにも同じような導入を組み込むことで「なぜ私たちはこれを学ぶのか」を考えるよい機会になります。**

みなさんはどんなメガネをもっていますか。

【自分で決めためあてに向かって取り組むことの大切さを確認するとき】

自分のコントローラーを手放さずに取り組めたかな？

はい、それでは終わりの時間です。そこまでにしましょう。

えー、もうおしまいかー。もう少しやりたかった。

そうだね、でも時間が来てしまったから仕方がない。

続きはまた次回やりましょう。それでは、３分間の振り返りを始めます。

自分のコントローラーを手放さずに取り組めたかな？

昨今、一斉一律に行われる講義形式の授業からの脱却の流れが大きなうねりを生み出しています。『学び合い』やＵＤＬ、協同学習にプロジェクト学習、そして、けテぶれと、様々な学びのあり方が書籍やＳＮＳ等で紹介されていて、広まりつつあります。

私なりの解釈ですが、これらに共通するのは**「学びの舵取りを子どもたちに委ねていこう」という考え方**ではないでしょうか。それは、教室における子どもと教師の従来の役割を見直すものであり、新しい教育観に基づくものです。

この中のどれを教室での学びのＯＳとして据えていくのか。それともまた、これからも生まれ出てくるであろう新しいあり方を待つのか。じっくりと考えていきたいところです。

このように、学びの中心に子どもたちを捉え、自己選択と自己決定をできる環境を設けていこうとするとき、私たちは、子どもたちが自らに立てる「めあて」とめあてを抱き続けることの大切さに気づかされます。なぜなら、自由な学びの海原の中にあって、その学びの責任を背負うのは、その子自身なのですから。

子どもたちが自分に合っためあてを立てるための具体的な支援やフィードバックの仕方は次の項に譲ります。ここではまず、もう少し抽象度の高いところから始めていきます。

自己選択・自己決定をするということは、なぜ学ぶのか、何を学ぶのか、だれと学ぶのか、どこで学ぶのか、どうやって学ぶのか、どれくらい学ぶのか、といったおよそすべてのことに関わります。**これらのすべてを網羅することはできなくても、できるだけ多くに思いを巡らせて「自分はこうする」と決めること**です。

もちろん、決めただけでは終わりません。自分で選んで決めたことに粘り強く取り組み、時にはハプニングや混沌に巻き込まれながらも、自らの願いに向かって進めていきます。

このとき私は、

「自分のコントローラーを持って、自分を思い通りに操れたらきっと楽しいよね。ゲームのキャラクターみたいにさ。でも、そうは簡単にいかないのがおもしろいところで、難しいところ。45分間の学習を通して、コントローラーの操作の仕方が少しずつ上達していけるといいね」

と語ります。

そうはいっても、コントローラーの操作というのはなかなか難しいもので、ゲームのキャラクターのようにすぐにレベルアップしたり、上達したりするものでもありません。それでも、**コントローラーを手放さずに取り組み続けることでしか、上達も望めません。**

友だちとの互恵的な関わり合いの場面を十分に設けたり、なぜ学ぶのかどうやって学ぶのかを子どもたちなりに考えさせたり、地域や社会とつながる本物の題材を扱ったりと、できる限りの手立てを講じたうえで、子どもたちにその学びの過程を振り返させるのです。

【引用・参考文献】

・西川純『クラスが元気になる！『学び合い』スタートブック』学陽書房（2010）
・トレイシー・ホール、アン・マイヤー、デイビッド・ローズ『UDL　学びのユニバーサルデザイン』東洋館出版社（2018）
・スペンサー・ケーガン『ケーガン協同学習入門』大学図書出版（2021）
・スージー・ボス、ジョン・ラーマー『プロジェクト学習とは　地域や世界につながる教室』新評論（2021）
・葛原祥太『「けテぶれ」授業革命！　子ども自身が学びを進める授業のつくりかた』学陽書房（2023）

［自分に合った目標設定の仕方を取り入れるとき］

スマートなめあてができた？

それでは先生からのミニレッスンもここまでです。一度、自分の席に戻ってめあてを立てたら、いよいよ活動に移りましょう！

はーい！

（それぞれがめあてを書き始める）

鉛筆が動き始めてますねぇ。前の振り返りを見返している友だちもいますねぇ。おっ書き終わる友だちも出てきましたよ。どう？　スマートなめあてができた？

まずは、これまでに本著の中で度々登場している「めあて」という言葉の用い方を確認させてください。まず、私は「ねらい」が教師がもつものであれば、「めあて」は子どもがもつものであると考えています。

さらに「目的」が抽象的な意図や理由を表しているのに対して「めあて」は、より具体的な達成目標や成果にフォーカスした表現です。そのため「かしこくなりたい」「テストで100点をとりたい」「国語が得意になりたい」というのは「目的」であると考えられるのに対して「時間内に〇つ以上の問題に挑戦して苦手を見つける」「友だちとの学び合いで、５人以上に自分の考えを説明する」というのは「めあて」にあたると考えています。

そこで、子どもたちに「今日はどんなめあてにしようか?」と問うわけですが、はじめのうちは「教科書をがんばって進めたいです」や「友だちと話しながら勉強したいです」と、とても抽象度の高いめあてを立てるものです。それらは決して否定すべきものではありませんが、振り返りを繰り返すうちに子どもが自ら気がつくのです。「あれ、めあてと活動を振り返ることが難しいぞ…」と。

そこで頃合いを見て、よりよいめあての立て方を子どもたちに伝えていきます。そのための理論の参考となるのは、「ＳＭＡＲＴ（スマート）の法則」と呼ばれるものです。

アメリカのコンサルタントであった、ジョージ・ドランをご存知でしょうか。１９８１年に提案されたＳＭＡＲＴの法則のアクロニムによって広く知られている人物です。経営管理領域の専門家であった彼の提言は、今から40年以上も前のものであり、さらに教育とは大きく分野が異なります。ですが、より効果的な目標設定を行うためのガイドラインとしては、いまだに有用であり、その呼び名やシンプルさも相まって、学校現場で用いることも十分に可能だと考えます。

ＳＭＡＲＴの法則の各要素は、次の通りです。

Specific／具体的であること
Measurable／測定可能であること
Achievable／達成可能であること
Relevant／関連性があること
Time-bound／期限が設けられていること

これらの要素をなるべく考慮してめあてを設定することが、より効果的なめあての設定と学習を充実させることにつながります。

子どもたちには、めあてを立てる際に「何を使うの？」「何ページ進めてみるの？」「だれとやるの？」「どこでやるの？」「どんなふうにやるの？」「それはお互いのためになりそう？」と**極めて具体的に声をかけて回ります。**すると子どもたちは、自分なりに懸命に考えながら、なんとか書き表そうと一生懸命になります。

次第に、めあてを立てるときから学び合う姿も見られるようになります。「どんなめあてを立てたか、ちょっと見せて」や「困ってる？　この前の振り返りを見たら、今日につながることが書いてあるんじゃない？」というやりとりが始まります。

めあてを立てることとは、自分を試すことであり、自分を知ることと言えるでしょう。**自分の可能性を試してみようとしたり、まだ見知らぬ自分を見つけてみようとしたりする子どもたちの挑戦を、焦らずじっくりと応援していきたい**ものです。

【引用・参考文献】

・ジョージ・ドラン『There's a S.M.A.R.T. way to write management's goals and objectives.』Management Review（1981）

つまずき

［課題に行き詰まり、まわりに助けを求められない子どもがいるとき］

まわりの友だちのことも気にかけているかい？

今、どんな感じ？

いい感じです。めあてで決めていたことよりも少し先に進んでいます。

こっちは、どんな感じ？

……。

さてさて、あっちではどんな感じだろう？

ところでみんな、**まわりの友だちのことも気にかけているかい？**

目の前の課題に行き詰まってしまったとき、教科書や資料に立ち返ったり、説明の動画でポイントをおさらいしたり、近くの友だちに尋ねたりすることができれば、解決への糸口が見つかるかもしれません。

さて、私たちが子どもたちに育んでいきたい力とは、様々な人やもの、ことと関わり合い、そのよさや力に上手に頼りながら学び続ける力であり、テストの点数に表れる学力だけではないはずです。

そうはわかっていても、学んだその結果としての力を測るテストがあるのですから、その数字のことが頭をよぎって離れません。

あるとき、１人の子どもに対して「あきらめちゃいけないよ。45分間を通して学びに向かい続ける。そのこと自体に大切な意味があるんだよ」と話しかけました。しかし、その子どもから返ってきた言葉は「どうせやってもわからないもん。それにテストもどうせダメだし」というものでした。どうあがっても結果が変わらないと悟ってしまうと、人はあきらめの心理に支配され、行動しなくなってしまうのです。

アメリカの心理学者、マーティン・セリグマンは、これを**「学習性無力感」**という言葉で表しています。しかし、セリグマンはここに新たな兆しを見いだします。どれだけ実験の中で無力感に支配される環境に置かれたとしても、なかなかあきらめない被験者たちが一定数いたのです。「なぜ無力にならない人がいるのか」という些細な問いが、ポジティブ心理学のきっかけであったと言われています。

研究の結果、セリグマンは、人は考え方や思考の癖によって、物事の捉え方が変わる、ということにたどり着きます。物事を悲観的に捉えやすい人は、悪い状態は長く続き、何をやってもうまくいかず、自分が悪いと説明する。一方で、物事を楽観的に捉えられる人は、失敗は一時的なもので、これ以降も失敗するとは限らず、自分の外側に原因があると説明する、と。

さらにセリグマンは、その説明のスタイルを自分の心の中の言葉を意識して、楽観的なスタイルに変えていけば、楽観的な考え方を学習することができる、とも付け加えています。つまり、**あきらめかけてしまっている子どもにもまだ打つ手がある**というのです。

ネガティブな状態に陥っている子どもをポジティブな気持ちへと導き、その子のもつ強みやよさを引き出していくには、それを促進するポジティブな存在が必要不可欠です。

では、悲観的になっているその子にとっても、変わらず魅力的に映るものは、教室の中ではいったい何でしょう。

私は、その唯一の答えは**友だちの存在**ではないかと考えています。ですから、私のこの場面での問いかけは、**目の前の困っている子どもに対してではなく、あえてそのまわりの子どもに向けて行います。**「気づいて！」「助けて！」と心の奥底で訴えている子どもの声を伝えるように。

【引用・参考文献】

・マーティン・セリグマン『オプティミストはなぜ成功するか』パンローリング（2013）
・マーティン・セリグマン『ポジティブ心理学が教えてくれる「ほんものの幸せ」の見つけ方』パンローリング（2021）

［別のことに気が散り、自分の課題が疎かになっていることに気づかせるとき］

お互いのためになっているかな？

それでさぁ、中休みにドッジボールをやったの。すごい盛り上がって！

いいなぁ、昼休みもやるよね？　そしたら、入れて？

…。

いいよー、それじゃあチームを決めよう！

いいねー、最強チームをつくっちゃおうよ！

おやおや、お二人さん。自分の決めためあてに向かって進んでいますか？

そして、**お互いのためになっているかな？**

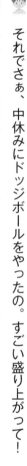

協同的な学びの場を設けるようになると、これまでに見せていた子どもたちの姿や教室の様子とはまったく違った光景を目の当たりにすることになります。本来自分たちがもつ自由と裁量を取り戻した子どもたちは、これまでのとらわれから解き放たれ、本当の意味での学ぶ力を試されます。

席に着いて黒板を写し、話している先生と目が合ったらうなずいて見せ、何かを問われれば「いいです」と答えていた子ども。目の前でよくわからないやりとりが行われている中、手をあげたり、質問したりすることは決してせず、じっと時間が過ぎるのを待っていた子ども。まわりの様々なことが気になってしまい、そのたびに立ち歩いたり、話し出したりして注意されることが当たり前になっていた子ども。目の前で行われている学習内容は、すでに塾や自主学習で取り組んでいるにもかかわらず、従順な気持ちで、さもはじめて真理にたどり着いたように発言、発表して授業の成立に貢献していた子ども。

これまでの一斉一律型の講義形式の学習は、なんと教師主体であり、大人の都合に子どもたちをそろえさせる学びの在り方だったのでしょう。

人の知覚と認知にまつわる心理学のワードに**「選択的注意」**というものがあります。これは、人は様々な情報や刺激の中から、特定のものだけに注意を向けることをいいます。

昼下がりの今、私は家の中にいます。リビングにあるテーブルの上でパソコンとにらめっこをしながら、原稿を書き進めています。少し離れたところでは、娘が午前中に出かけた子ども祭の戦利品を手に持ちながら、テレビに見入っています。息子は、伝い歩きができるようになりました。テーブルのまわりをうろつきながら、手に持ったり口に入れたりできる手ごろなものを物色しています。妻は、台所で夕食の準備をしてくれています。

時には娘の戦利品の自慢話につき合い、時には息子の咥えているものに気を配りながらも、注意の一番は原稿を書き進めるための頭と指先に込めているわけです。こうして本書を読み進めてくださっているみなさんには、若干失礼な状況でありながらも「この1冊を通して、子どもたちとの対話のきっかけとなる問いかけをたくさんの先生方に広げていく」という自分のミッションに向かって突き進んでいます。

あっ、娘がお茶の入ったコップをひっくり返しました。一度、離れます。

教室での協同的な学びの中でも、私の家の中と同じようなことが起きているのではないでしょうか。一人ひとりが自分に合った学び方を選択し、持続させていこうとする中で、自分にも周囲にも様々な予期せぬことが起こります。友だちと学び合うことも選択肢にあるのですから、場所を移動したり、声をかけ合ったりすることもできます。

一方で、子どもにとって、これまでの一斉一律型の講義形式と異なって大きなデメリットとなるのは、**身の回りで起きていることからの情報と刺激が過多になってしまい、本来意識を向けるべきところに適切にフォーカスすることが難しくなる**という点です。

これには、**サイレントスペースを設けるなど、環境の最適化を図ることもおすすめ**です。

しかし、こういった雑多な教室の中でも、自分のめあてを見失わず、課題に挑戦し続けている子どもがいるのも事実です。あるときそんな子どもにその極意を尋ねてみたところ、次のように教えてくれました。

「私も水を飲んだり、友だちとおしゃべりしたりすることもあるよ。でもそれは、休けいのときだけ。ずっと遊んでたら自分のためにならないもん」

［本時を終えて取組を振り返り、次につなげようとするとき］

今日は3分間で何行書いちゃうのかな?

（活動が終わり、振り返りの時間を迎えたとき）

みんなー、振り返りの時間だよ!

オッケー、教えてくれてありがとう!

さすがの声かけです。
さぁ、**今日は3分間で何行書いちゃうのかな?**

振り返りの時間は、45分間の学習時間の中で、最も教室が静かになる瞬間かもしれません。聞こえてくるのは、カリカリとスピード感のある鉛筆の音だけ。どの子も、なんとか振り返りを書き進めようと、必死に鉛筆を持つ手を動かし続けています。

振り返りには、次のような視点が欠かせません。

・自分の立てためあてはどうだったのか。
・立てためあてに向かって活動している間の自分はどうだったのか。
・活動を終えてみてこれからの自分にどんな期待や願いをもっているのか。

そんなことを自分に問いかけながら、書き記していきます。

なぜ、振り返りに取り組むのか。それは節目をつくるためです。**子どもたちがまた活動の続きに取り組もうとするとき、ゼロベースでめあてを立てようとするのではなく、これまでや前回の自分はどうだったかな、と思い起こすきっかけとするために、振り返りがある**のです。そのため、目に見える形で残していく必要もあります。

とはいえ「では、振り返りをどうぞ」と言っただけでは書けないのが振り返りです。

そこで私は、次の2つのことを伝えています。

1つは、**とにかく手を止めないで書き続ける**こと。

もう1つは、**自分に合ったフレームワークを用いる**ことです。


振り返りのときは、とにかく手を止めないで時間いっぱい書き続けること。これは、質の高い振り返りを求める前に、とにかく量の多い振り返りを求めているということです。子どもたちは、目に見えてわかる結果や成長に、意欲をもつことができます。

はじめのころは「楽しかったです」のひと言で終わっていたような子どもが、1行、そして2行、さらには1ページを埋め尽くすぐらいの文量をわずか3分間で書くようになります。

振り返りの3分間を終えたところで、私が「何行書けましたか?」と聞くと「5行です!」「10行です!」「1ページです!」と答えるのですから、教室の雰囲気もどんどんそちらに傾いていきます。

鉛筆を持つ手の小指のつけ根が真っ黒になるのもわかりやすいですね。振り返りの3分間は「後で読むのが楽しみだなぁ」などと声をかけながら教室を回ります。

しかし、それでは先生を喜ばすだけの安易な言葉が並び、自分と向き合った本物の言葉が生まれ得ないのではないかという懸念もあるでしょう。それにも一理あります。ただ、それは振り返りを表面的に捉えているだけではないかと思うのです。

私たちは、ノートやワークシートに書かれた記述を通して、子どもたちの内面を何とか捉えようとします。しかし、それは私たち教師にとっての観察、分析や評価のために利用しようとしているに過ぎません。振り返りは、他ならぬ、子どもたちのために役立たねば意味がないのです。

子どもたちは、なんとか自分のことを書き表そうとするために、必死になって本時のことを思い起こします。**そこでは、よいことばかりでなく、うまくいかなかったことの発見があって構いません。**むしろ、よいことだけの記述の方が心配になります。そのうち、活動中から「私、今の気持ちを絶対に振り返りに書くんだ」と言う子も出てきます。

ここまで子どもたちの気持ちが高まってきたら、いよいよ次の学びのステップです。ここでようやく子どもたちに伝えることができるのが、振り返りのフレームワークです。**フレームワークとは、問題解決や判断をする際に、様々な情報を整理して考えるための具体的な手順や方法論のこと**を指します。

日本能率協会コンサルティングが提唱する振り返りのフレームワークに「**YWT**」というものがあります。それぞれ、やったこと（Y）、わかったこと（W）、次にやること（T）の頭文字をとった言葉です。活動の取組を振り返る際に、その流れを一連のストーリーにして、成果を生み出した過程や、そこから得られた気づきを重視するという考え方のもとで使われるものです。

私は子どもたちにこれを伝える際に、もう少しかみ砕いた「**YKT**」というフレームワークを用います。それぞれ、やったこと・やれなかったこと（Y）、気づいたこと・考えたこと（K）、次や次までにやりたいこと（T）と枠づけています。

子どもたちには、試行錯誤することに挑戦させているのですから、よい成果の発見だけが収穫ではありません。**うまくいかなかったことや、やり残してしまったことがあり、そ**

れに気づくこともまた、学びと捉えるのです。

この一連のフレームワークがあることで、思考の助けとなっている子どもたちが多くいます。今日の自分はどんなことに挑戦したのか。その挑戦の中でどんな自分に気づけたのか。次の挑戦ではどんなことをめあてにしていきたいのか…と、順序立てて考えられます。

フレームワークを紹介すると、書く文量が一度減少する傾向があります。しかし、あっという間に元の文量に戻るだけでなく、もっとたくさんの言葉を紡ぐことができるようになります。

振り返りの時間、その時間も子どもたちを大きく成長させてくれているのです。

［終わりの時間を意識して課題に取り組むことの大切さを伝えるとき］

いつゴールが来るのかわからないマラソン大会があったら、みんなはどうする？

みんなの学習中の様子を見ていて、すごいなぁと思ったことがあったの。

え、なになに？　どんなこと？

さっき、先生が「残りの時間はあと10分だよ」って言ったら、
「いけない、少し急がなくちゃ」ってつぶやいていた友だちがいたんだ。
実はこの気づきってすごいことなんだよ。
いつゴールが来るのかわからないマラソン大会があったら、みんなはどうする？

そんなマラソン大会があっても出たくないよ！

　この問いかけは、子どもたちとペース配分について考えていくために投げかけました。**学習に取り組むために自己選択・自己決定するものの中でも、ペース配分を考えることやその必要性は、優先度がかなり高い**と私は考えています。なぜなら、時間という資源は有限であり、無限ではないからです。また、そう気づいていながら、ペース配分を考えて行動できている大人は、とても少ないと実感しているからです。

　日本人は、時間の感覚に正確であり厳しい。これは多くの人がもつ、日本人の一般的なイメージでしょう。ところが、私自身は、友だちとの待ち合わせの時間ぴったりに着こうと思うと、早過ぎるか少し遅れてしまうか、また、寝る前に「あと5分だけ…」と思ってスマホを触るとあっという間に1時間は過ぎ去っています…。

　そんな私のことはさておき、例えば、開始時刻は書いてあるのに、終了時刻は書かれていない会議。別の仕事中にもかかわらず「お手すきの方は…」で人手を間に合わせようとする同僚。勤務終了時刻を過ぎても帰る気配のない職場の雰囲気。
　あれっ？　本当に日本人は、時間の感覚に正確であり厳しいのでしょうか。

本来、各個人が目標をもって取り組んでいる課題や、チームで協同して行っているプロジェクトには、ほとんどの場合にゴールとして締め切られる期限が設けられているものです。それは、自分や自分たちの取組が、他者に影響を及ぼしたり、評価を得られたりするというところによるのかもしれません。

一方、私生活を過ごしている中では、さほど明確で必ず守らなければならない締切に追われることはないはずです。そこには、他者との関わりの中での約束が設けられているかどうか、自分が自由に過ごすことがだれかの迷惑や不利益にはなっていないか、という視点があげられるでしょう。

それでは、学校生活の営みの中で、この時間感覚はどう捉えることができるでしょう。

私は、**プライベートとオフィシャルな場面が混在している中にあって、集団で生活を送っているという点では、ある程度正確な時間感覚をもつべき**であると考えます。特に、学習中であったり、パフォーマンス課題や個人の役割として委ねられたりしているものであれば、それはなおさらです。

しかし、子どもたちは時間の締切があるということをそもそも意識していないばかりか、わかってはいてもあまり好意的に受け止めていないことがあります。

したがって**「時間の締め切りがあるということは、自分の中のアクセルをグンと踏み込んで本気になれる瞬間を生み出せるチャンスがあるのだ」と子どもたちが考えられるように、しかけていかなければなりません。**

時計やカレンダーを確認しながら、時間配分やタスクを書き出して計画を立てること。立てた計画を予定表に書き記したり、タブレットの「To Do リスト」に打ち込んだりして、リマインドの機会を設けること。そして、実際に歩み出してからも、それらを振り返り、自分のペースを確認すること。こうした一つひとつを子どもたちに伝えていくことも大切です。

人は弱いもので、目の前のやらねばならぬことからつい目を背けてしまったり、そこから逃げようとしてしまったりします。自分にもそんな弱さがあることを十分に認めて受け入れたうえで、子どもたちを励ましながら成長を見守っていきたいものです。

［テストやドリルの丸つけに挑戦させていきたいとき］

自分のがんばりの結果をすぐに知りたいでしょう？

それでは、これからまとめのテストの時間です。

ついにこのときが…。

さて、今日からみんなにはテストの丸つけにも挑戦してもらいます！

えっ？　今までテストの丸つけは先生がやっていたのに？

もちろん、先生もみんなが丸つけをした後に見せてもらうよ！
でも、**自分のがんばりの結果をすぐに知りたいでしょう？**

それは確かに！

自分の取り組んだ結果を最後まで見届けて、真正面から向き合い続ける。子どもたちに身につけてほしいと願う、学習者としての姿です。

単元ごとに行われるまとめのテストへの挑戦は、それまでに続けてきた自分自身の学びの成果と向き合うことのできる絶好の機会です。この絶好の機会を最後の最後まで生かしきるためには、テストの丸つけにも子どもたち自身で挑戦するべきだと考えます。

これは日々の学習においても同じことが言えます。自分の解答が正しいのか間違っているのか、それはもちろん、模範解答などを参考にしなければわからないことです。しかし、この判断を他人の手に委ねている間は、自己評価の力も育ちません。**この自己評価の力により、子どもたちは自分の学習進度や理解度を客観的に見定めることができます。**そして、**自分の弱点や改善点を把握して、これからの方向修正に役立てることができます。**

子どもたちは、答えなき問いに向き合う時代を生きていくことになります。その練習として、まずは答えがある問いに向き合うところから始めていくわけです。

自分で自分の解答を丸つけする習慣がない子どもは、例えば、漢字の練習をやってきたドリルを見るとわかります。ずっと同じ間違いを続けているからです。上に手本があり、それを正しくなぞっていたとしても、その下に間違った漢字を続けて書いてしまい、直すこともしていません。そしてそれは、別のページにまで渡っていることもしばしばです。

私たち教師が丸つけをする際にチェックをつけてやると間違いがあることに気がついて、直そうとする子どももいます。しかし、残念なことに、どこが間違っているのかの確認をしないいますぐに消して、何とか正しいであろう漢字を書こうとしてしまうのです。

自分が取り組んだら、自分なりの基準をもって見直しをしてみること。間違いがあったら、その箇所を分析して修正に取り組もうとすること。こういった力を身につけ始めるのは、早いに越したことはありません。**学習の課題やその解決の過程の難易度が高くないうちに始められる方がよい**と思います。

そして、この自己評価の力もまた、試行錯誤を繰り返して身につけていくのです。

さて、テストの自己採点は、算数や漢字のテストから始めてみることをおすすめします。国語のテストは、文章記述での解答もあるので、正誤の判断のハードルが一段上がります。子どもたちの様子を見て、よいタイミングで挑戦させるとよいでしょう。私は「もし判断が難しいときには、○も×もつけなくていいよ」と伝えています。

そうすると、丸つけをしている子どもが「センセー、答えと違うんだけれど、これは○ですか？　×ですか？」と聞いてくることがあります。すばらしいですね、自分の手で白黒をつけたいのです。**「そう聞いてくれた、あなたはどう思う？　私は、同じようなことを書いていれば言葉が違っても○になると思うよ」**とニコッと笑って返事をします。後で提出されたものを見ると、その子の判断はほとんどの場合正しいです。

その後は、子どもたちの自己採点をさらにチェックします。点数が確定したところで、テスト用紙の空いているところに振り返りを書いてもらい、名前順に向きをそろえて束にします。職員室に駆け下りたら複合機ですべてスキャンして保管。テスト用紙は、点数と振り返りと共に、その日のうちに返却します。**何事も鮮度が大事**だからです。

［家庭での学習の必要性を子どもたちに訴えたいとき］

みんなはおうちで学習に取り組むとき、どこで取り組んでる？

今日はおうちで学習することの大切さをみんなと考えていくよ。

みんなは、おうちでどんな勉強をしているかな？

ドリルをおうちでやってます！

習い事の宿題と復習をやってます！

特に何もしてません！

みんな、それぞれのことを選んで取り組んでいますね。

さて、**みんなはおうちで学習に取り組むとき、どこで取り組んでる？**

第2章
自律的な学習者を育むための問いかけ

すべての子に適していて、必ず効果が上がるような万能の学習方法や教材はありません。教師がどのような支援、手立てを講じたとしても、それがマッチしない子どもは一定数生まれてしまうものです。なぜなら、そもそも子どもたち一人ひとりは異なり、それぞれに合った個別最適な学び方があるはずで、教師や周囲の大人が講じる支援や手立ても、子どもそれぞれに個別最適なものでないといけないからです。

一方で、今もなお学校が子どもたちに課している宿題（≠家庭学習）というシステムは、一斉一律な学び方の象徴であり、「学びとは、与えられたものをこなすことである」という悪しき固定観念を生み出しているように思います。これは、子どもたちに対してだけでなく、かつて自分が児童・生徒であったころの経験を基に「家庭での学習とは、すなわち学校から与えられる宿題である」との考えにとらわれてしまっている保護者の方にもよくない影響を及ぼしていると危惧しています。

学びとは本来、自由なものです。選択と決定の自由を謳歌できるからこそ、意味のある気づきを得ることができます。それは宿題とは対極にあるものではないでしょうか。

あるとき、学習の振り返りを書いていた子どもが「センセー、今日できなかったところって、続きをおうちでやってきてもいいですか?」と聞いてきたことがあります。私は教室中に聞こえる声で**「なに? やりたいところまでできなかったからって、それでおしまいにしちゃうんじゃなくて、続きをおうちでやりたいって考えているの? すごいなぁ、本物の学び手だ。いや、これはすごいことだなぁ」**と手放しに称賛したことがあります。

これをまわりで聞いていた子どもたちは、私が称賛する様子を見て火がついたのか「私も続きやろうかなぁ」「ちょっとわからないところがあるから、おうちの人に聞いてみようかなぁ」なんて口々に言い出します。私はこんな気持ちが根底にあることが、家庭学習に踏み出す一歩になるのではないかと考えます。

やりたいことがあるからやる。必要がなければ、やらない。別に優先させなければならないものがあれば、そちらから取り組む。

子どもが家庭で取り組む学習には、そんな**子どもの思いや願いを取り入れる余白を設けた設計が必要**ではないでしょうか。

このように、私は今ある宿題というシステムには、大きな改善の余地があると考えています。しかし、子どもたちに「みんなで同じものに取り組まなければならない宿題はありません。自分のやりたいことをやりましょう」とだけ伝えてしまうと、まったく家庭学習をやらない子どもを生み出してしまう危険があります。

そこで、保護者懇談会を通して、一斉一律型の従来の宿題の形式が、多くの子どもたちを受け身の学びスタイルにしていること、家庭の中で宿題がポジティブな文脈の中で用いられることが少なく、親子の関係にもよくない影響を及ぼすことがあることなどを説明し、自己調整が可能な自主学習のスタイルに移行していくことを説明し、理解を求めます。

これからの学校教育は、未知なる社会に踏み出していく、自律した学習者を育てなければならず、一斉一律の手法は、もはや限界を迎えています。

子どもたちが家庭での学びに勤しむそばで、その姿を見守るのはご家族であり、何より家庭での学習の第一義的責任を有するのは、保護者の方々です。であるならば、その考え方や取り組み方について、学校と家庭とで情報を共有してから始めるのは当然です。

また、子どもたちや保護者の方々には、これまで当たり前だと思っていた家庭学習の取り組み方から大きな転換を求めることになります。家庭学習の意義やその取り組み方を、発達段階に応じて支援していくことが欠かせません。

私の場合は、まず、学ぶことや学び方は、日々の学校での学習と同様に自由であることを伝えます。そして、先の子どものつぶやきのように、自分にとって必要だと思う学びに取り組むべきで、もうすでにわかっていることを繰り返したり、よくわからないけれど答えを書き写したりするだけのような学びには意味がないことを伝えます。

この話をするまでに、授業ですでに自己選択・自己決定が必要な学習の枠組みを取り入れている場合には「なんだ、普段の授業でやっていることと同じことを家でもやるのね」と案外すんなりと受け入れられるものです。

さらに大切なことは、**ノートやプリントに書き込むことだけが学習ではない**ということです。書くことは、あくまで記録や伝達のための手段でしかないということです。

あるとき、子どもから「野球の練習も学びですか？」と聞かれたことがあります。「もちろんその通りだよ。学校には、体育という教科だってあるし、バットの素振りをするときも、ただブンブン振り回すだけじゃなくて、頭を働かせて、めあてを立てて取り組むものでしょう？　立派な学習じゃない！」と返事をすると、野球の練習に取り組んだ野球ノートを自主学習として提出してくれました。

さて、そんな自由を謳歌して子どもたちが学びの海原に漕ぎ出していくとき、私はできることなら家族や見守ってくれる人がいるそのそばで取り組んでほしいと願っています。なぜなら、**その子が一生懸命に取り組んでいる姿をアピールできる最高のチャンスであり、テストの点数やでき上がったノートではなく、その学びの過程にこそ注目してほしいと思うから**です。それを、子どもたちにも折に触れて伝えています。

【引用・参考文献】

・ダグラス・フィッシャー、ナンシー・フレイ『「学びの責任」は誰にあるのか「責任の移行モデル」で授業が変わる』新評論（2017）

［忘れ物が続いてしまう子どもと次に向けての工夫を考えるとき］

明日の自分のためにしてあげられることはどんなことかな？

センセー、また教科書を忘れてしまいました。

となりの席の○○さんには「見せて」とお願いしておきました。

うん、それでいいと思います。ところで今「また」って言った？

実は昨日も同じ忘れ物をしてしまっていて…。

そうか、それは困るね。じゃあ考えてみよう。

明日の自分のためにしてあげられることはどんなことかな？

第２章
自律的な学習者を育むための
問いかけ

みなさんは、何か覚えておきたいと思ったことを頭の片隅に残しておくことは得意ですか。私は大の苦手です。どうでもよいことは忘れないくせに、大切なことはよく忘れて、まわりに迷惑をかけてしまうことがあります。

そのたびに何とか失敗を取り戻そうと挽回や謝罪をしたり、自分なりのリマインドの方法を見つけようとしたりして、何とかこれまでやってきました。

ですから、子どもたちが何か忘れ物をしてしまったり、大切なタスクを見落としてしまったりして、どこかさみしく、なんとなく悲しいような気持ちになることも、とてもよく理解できるつもりです。

だからといって、ただその事実を聞き入れて、黙って手を貸してやるのではいけません。その子が負ってしまっている心の痛みがわかるからこそ、これから先の生活の中で、どうしたら忘れ物を続けてしまうことを減らしていけるのか、そして忘れ物をしてしまったときにどのような対処をしたらよいのかを一緒に考えます。

そもそも忘れ物をしないために、家から学校に持ってこなければならないものを減らす、つまり教科書などは家に持ち帰らずに学校に置いておかせればよいではないか、という意見を聞くことがあります。私も概ね賛成です。

学校から配当されている1人1台の端末を家庭での学習でも生かそうと、持ち帰りをする自治体も広がってきました。しかし、これまで持ち帰っていた教科書などに端末が加わったのでは、ただでさえ重かったランドセルとその中身が、一層重くなってしまいます。また、家に帰って開くかどうか定かではない教科書などをわざわざ持ち帰らせているのなら、引き出しやロッカーに置いて帰らせるのも1つの手です。

しかし、ここで願っているのは、単に、忘れ物をすることがなくなるという事実を増やしていくことではありません。**その子自身が、忘れたくない大切な約束や持ち物、期日などについて、自分なりに思い起こせるためのトリガーとなるものを見いだし、その試行錯誤に挑戦していくこと、そしてその取組によって忘れ物が減っていき、子どもが自己肯定感を取り戻していくこと**に他なりません。

さて、記憶のプロセスは、記憶の形成、保存、呼び出しと、3つの段階で捉えることができます。これらをそれぞれ、**記銘、保持、想起**と呼びます。これらのプロセスは、相互に関連し、記憶の形成と維持に貢献していると言われます。

「明日の自分のためにしてあげられることはどんなことかな?」という問いかけは、この中のどれが自分の苦手なところなのか、どこに工夫をこらしたらよいのかを見つけるための出発点になります。連絡帳や付箋紙に書いてみるという考えなら、記銘に役立つかもしれません。それらのメモを家に帰って必ず見るところに貼っておくというなら、保持や想起に役立つかもしれません。1人1台端末のチェックリストに書き加えて、一定の時間が来たらアラームが鳴ったり通知が出るようにしたりすると、なおよいかもしれません。

さて、忘れ物が続いてしまったある子が、明くる日の朝「おはよう、センセー。今日は持ってこれたんだよ!」と笑顔で報告しに来てくれたときは、ハイタッチで喜びを分かち合いました。そうやって、自分の苦手と向き合い、上手にまわりの力を借りながら、なんとかよりよく過ごしていこうとする子どもの姿を応援していきたいものです。

［単元のテストを終え、これまでの学習への取組を振り返るとき］

これまでの学習のどんな取り組み方が点数に表れているのだろう?

やったー、私テスト100点だ！　やっぱりね！

ぼくは全然ダメだったよ。だって難しかったもん…。

何やらテストの点数で盛り上がっているようだね。

これまでの学習のどんな取り組み方が点数に表れているのだろう?

実は、私最近見つけたんだぁ、いいやり方。それはね…

（ふむふむ、そういうやり方なら自分にもできるかも…）

テストやドリルの丸つけを子どもたちに挑戦させることの意義は先にも述べた通りです。そのため、私の教室では、子どもたちがテストを解き終えて見直しも済ませると、すぐに自分たちで丸つけをして、点数の計算まで行います。

ここまでなら、すでに実践されている先生も多いかもしれません。

私はさらに、テストの余白の場所に、このテストに向けて自分がどんな学習の歩み方をしてきたのか、その成果や課題の振り返りを書き込むように伝えています。

子どもたちの「うれしい！」「くやしい！」という感情の高まりとその余韻が残っているうちにすぐに振り返りを行うため、そこに記される言葉にも、子どもたちの喜びや後悔、次への誓いが込められたものが多く見られます。

とはいえ、いきなりそんな振り返りができるわけではありません。

学習そのものに意義を見いだせない子どもやテストの点数にこだわりがもてない子ども、やる気はあるのだけれどどうしたらよいかわからない子どもは多くいます。教師が願うような子どもたちの姿とすぐに出会うことは難しいかもしれません。

しかし、始めたばかりで音を上げるのは時期尚早です。子どもが自分で選び、自分で決定した学び方を、自分自身で改善していく力を育むためには、**子ども自らの高い意欲と、粘り強さが欠かせません。**

何度も何度も繰り返し問いかけていく中で、自分自身の成果とそれまでの取組に真摯に向き合うことができる子どもが徐々に現れるようになります。その輪が少しずつ広がり、教室全体の雰囲気が高まってきたとき、はじめてクラスが互いに高め合い、切磋琢磨し合う集団へとなっていくのでしょう。

小学校では、それぞれの教科で、小単元や小範囲のテストが繰り返し行われます。それならば、この何度も繰り返されるサイクルを、学び方の獲得の試行錯誤に生かさない手はありません。

テストに向けての見通しを基に計画を立て、自分に合った学習の方法を選びながら、苦手を得意に、得意をさらに得意に伸ばしていこうとする姿を応援していきたいものです。

そんな取組のベースは、目の前の出来事への解釈と原因帰属をどう捉えるかを論じる原因帰属理論です。アメリカの心理学者バーナード・ワイナーは、原因を推測する過程を**「原因の所在」「原因の安定性」「原因の統制可能性」**と、3つの次元で整理しました。

例えば、漢字のテストの結果がよくなかったときに、自分の能力に原因帰属すれば「自分は頭が悪いから勉強しても意味がない」と考え、普段の努力に原因帰属すれば「勉強時間が足りなかったからだ」と考えます。

さらに、課題の難易度に原因帰属すれば「問題が難しかったから仕方がない」と考え、運や他者からの援助の有無に原因帰属すれば「自分にはどうしようもない環境のせいである」と考えます。

このように、様々な原因帰属の分類があげられる中で、最も学習効果を高める効果的な学習者による解釈の仕方があります。それは**「内的―不安定―統制可能」**という捉え方で、次のような振り返りの例があげられます。

「ぼくは、これまで毎日漢字の書き取りの練習をしていた。でも、最近買ってもらった新しいゲームに夢中になってしまって、漢字の練習をしない日もあった。ゲームもやりたいけれど、悪い点数なのはいやだから、漢字の練習は毎日やっていこう。そして、プレテストから苦手な漢字を見つけて、そこに時間をかけて取り組んでいこう」

自分の努力や取り組み方を振り返る前に、テストの難易度や教室環境のせいにしてしまう子どもたちの姿を目にすることは少なくありません。

成功したことならともかく、失敗したことの原因を自分の内側に見いだそうとすることは、だれだって避けたいと思うものです。

「勉強すればテストの点が取れるようになる」という結果への期待に加えて「自分にはそれに向けての努力ができるはずだ」という自分自身への期待があればこそ、子どもたちは行動をすることができます。

つまり、**もともとの自己効力感が下がっている状態では、前向きな原因帰属の考え方も行うことができない**というわけです。

さて、子どもたちは意外にも、テストに向けての努力の方法をすでに知っていたり、身につけていたりする場合があります。

例えば、ゲームに夢中になっている子どもたちは、来たる強敵に備えて、あえて遠回りをしてレアなアイテムをゲットしたり、地道に目の前の敵を倒し続けて経験値を稼いだりすることを自然に行っています。だれに命じられるでもなく、そうすることがゲームの攻略には欠かせないものであることを理解しています。そして、自分にはそれができることもわかっていて、そのための努力を惜しまずに取り組むことができます。

私たち教師は、子どもたちにとっての教室というダンジョンで、テストという強敵を共に倒すパーティの一員です。努めて明るく、そして爽やかに子どもたちの努力の過程を見守りながら、その成長を楽しんでいきたいものです。

第3章
子どもたちの力で学校生活をよりよくしていくための問いかけ

【泣いたり怒ったり興奮している子どもに声をかけるとき】

自分を落ち着けるには何をしたらいいか知ってる？

もう、最悪だよ！

センセー、○○さんがなんか…。

うん、何だかいつもと様子が違うね。話を聞いてみるよ。

○○さん、どうしたの？　何だかいつもの○○さんらしくないけれど。

今、最悪な気持ちです。もう、嫌だ。

そっか、最悪な気持ちで、もう嫌なんだね。

助けになりたいから話を聞かせてほしいのだけれど、
まずは、**自分を落ち着けるには何をしたらいいか知ってる？**

ひと言で感情といっても、それをわかりやすい言葉や目に見えるもので表すことは、まずもって難しいことです。感情は複雑で多様なスペクトラムをもっており、これらの感情が組み合わさることで様々な心の状態が生まれます。

私たちは最初に、まわりから来る情報を受け取ります。その情報は、私たちの頭の中で考えたり、理解したりする「認知的なプロセス」を通じて処理され、それによって感情の状態が生まれます。この状態は、私たちの内側で感じられるもので「内面的な経験」と呼ばれます。そして、この感情の状態は、私たちの顔や身体の仕草である「表情や行動」として外に表れます。

一般的にあげられる感情の例として、喜び、悲しみ、怒り、嫌悪、不安、驚き、恐れ、希望、恥、嫉妬があります。これらの中でも、特に感情表出の抑制が難しいのは、悲しみや怒り、不安や恐れではないでしょうか。どの感情も、表れるべくして表れたものであり、よいか悪いかや正か誤かの区別はありません。しかし、人との関わりの中で、必要に応じた感情表出のコントロールの術を身につけることもまた必要です。

私たち教師は、そんな興奮状態にある子どもを前にしたとき、クールダウンを提案します。なぜなら、子どもが興奮している状態では、本来もつ判断力や行動力が制限されてしまうからです。クールダウンを通じて冷静な判断をする機会を与え、適切な行動を促すことができます。

では、そのクールダウンとはいったい何なのでしょうか。

今でもまだまだ未熟な一介の教師ですが、さらに未熟だったころ、私は「水飲んでおいで」や「顔を洗っておいで」くらいの提案しか持ち合わせていませんでした。それで時間を空けてうまく気持ちの整理ができた子どももいましたが、そうでない子どもも多くいました。

それでも、時間の限りもあったため、興奮が冷めない子どもをなんとかなだめながら話を聞き出そうとし、解決を図ろうとしたものです。しかし、そんな対応では、子どもの心を本当にほぐすことはできていなかったのでしょう。子どもの心が離れていってしまったこともありました。

しかし、そんな私のことを助けて気づかせてくれたのは、やはり教室の子どもたちでした。彼らの何気ない様子や表情を眺めていたときに「これだ！」と気づいたのです。

当たり前なのですが、それは**「一人ひとりによって、心の落ち着け方も違う」**ということです。虫が好きなある子は、虫を眺めたり触ったりしているだけで、みるみる表情を和らげていきました。好きなキャラクターがある子は、筆箱についているキーホルダーをぎゅっと握りしめると、涙が次第に引いていきました。

そういう**自分の心の落ち着け方を自分でわかっているということは、とても大切で欠かせないこと**ではないでしょうか。私は子どもたち一人ひとりがそれを見つけられると信じています。

【引用・参考文献】

・ナンシー・フレイ、ダグラス・フィッシャー、ドミニク・スミス『学びは、すべてSEL　教科指導のなかで育む感情と社会性』新評論（2023）
・今井正司『イラスト版 子どものマインドフルネス 自分に自信が持てる55のヒント』合同出版（2023）

［子ども同士のけんかの仲裁に関わるとき］

じゃあまず一番大事なことの確認からするね？

さて、まずはお互いに落ち着いて話をすることはできそうですか？

はい、できます。

よかった、ありがとう。**じゃあまず一番大事なことの確認からするね？**

まずは、お互いの話したいことと聞きたいことを、話して聞くこと。

それから、また次にこういう出来事をつくらないために、

自分で気をつけられるところを見つけること。どうですか？

はい、わかりました。

そもそもけんかやいさかいが起きてしまうのにはどんなことが原因としてあるのでしょうか。次にいくつかの要因をあげてみます。

まずは、**意見の相違や価値観の違いがあるとき。**子どもたちに限らず、人はみな、異なるバックグラウンドや経験をもっています。そして、そんな背景を基に個人の価値観が形成されているのです。例えば、何かを決めるときに、じゃんけんですぐに決めようとするのか、多数決で互いの思いを反映させようとするのか、順番で決めて公平性を確保しようとするのか、どれを選ぼうとするのかも、これまでの経験に頼ることになります。

次に、**感情の高ぶりが生じたとき。**人は、個人のもつ意見や価値観では受け入れがたい出来事と出合ったとき、怒りや不満、嫉妬などの気持ちが生じて、感情が高ぶります。感情が高ぶると冷静な判断が難しくなり、言葉や行動も感情的になりがちです。例えば、後ろから来た友だちが、追い越しざまにぶつかってきた。それなのに、相手は何も気づかいをせずに通り過ぎてしまった。「ごめんね」のひと言もあれば収まったのに、何も言ってくれない相手に激高して「何すんだよ！」と怒鳴ってしまった。こんなこともよくあります。

続いては、**少ない資源や限られた権利を巡っての競争。**子どもたちは何かと一番に並ぶこと、言った者勝ちや早い者勝ちで自分だけの特権を手に入れることを好みます。競争は、子どもたちの興味や関心を強く引く一方で、やはり、感情の高ぶりを生じさせます。例えば、「プリントを取りにおいでー」のひと言で教卓に群がる子どもたち。目の前では押し合い、怒鳴り合う子どもたち。さらに、散らばり、破れるプリントたち。「はぁ」と頭を抱えることもしばしばです。

最後に、**コミュニケーションの不足。**オープンで効果的な対話が行われないで出来事が進んでいくと、誤解や情報の不足が生じ、意図したことが相手に伝わらないままになってしまうことがあります。例えば、おにごっこに取り組んでいた子どもたち。ある1人の子が「やーめた」と言って遊びへの参加をやめました。それでも楽しそうなその場には居合わせたくて、友だちの様子を眺めて過ごしています。しかし、そんなことはまわりの子どもたち全員には伝わっていませんでした。近づいても特に逃げようともしないその子を恰好の的だと思い、おにを手渡す子どもたち。「ぼくはやめたのに、みんながぼくをねらって追いかけるの」と泣いて立ち尽くす子どもを校庭まで救いにいったことがあります。

このようにけんかやいさかいが起きてしまうのには、様々な要因があげられるだけでなく、その要因が互いに関係し合って、ことを大きくしているように感じます。

こうした複雑な出来事を、子どもたちの言葉でもれなく把握し、的確に分析する。それから、必要な心のケアと今後に生かせる適切なフィードバックを与える。「教師の五者」とはもう聞き慣れない言葉かもしれませんが、それは大変な役割を担っています。

そして、こういった出来事を当事者の子どもたちが、心の底から納得して解決できたと思えない限り、子どもたちの間に、しこりのようなものが残ってしまいます。またそれにとどまらず、その解決に携わった教師への不信感や不満も生まれ、それからの指導や学級運営にも関わる問題へと発展してしまう恐れもあります。

そう思うと、子ども同士のトラブルとその指導を嫌がって避けたくなる気持ちにもなります。一方で、**この段階で問題解決の仕方を考えられる機会を得られた、と捉え直すこと**

ができれば、少しでもポジティブな気持ちでその仲裁に関われるのかもしれません。

まずは、興奮や怒りの感情にとらわれている子どもの気持ちを十分に落ち着かせたところで、話し合いの機会を設けようとすることは、先にも伝えた通りです。

しかし、話し合いの始まりのところでは、まだ表面まであふれ出ていた感情の高ぶりが収まって見えているだけで、問題の解決は何も始まっていません。三者で落ち着いて話ができる場所や教室に移動したら、ここでの話し合いのもち方の確認から始めます。

ここで大切なことは、この場でのルールと目指すべきゴールを確認することです。**この大事な部分を端折ってから「それでどうしたの？」と話し合いを始めても、また興奮や怒りの感情がわき起こってしまうことがあります。**

自分の言いたいことが言えたり、聞きたいことを話してもらえたりするという安心感や、ここでの話し合いがこれからの生活の改善につながるという期待感が、モチベーションにつながるのだと思います。そんな私はというと、**子どもたちの言葉を引き出すために、努**

めて無知の姿勢をとり、むしろ教えを請うような態度で耳を傾けます。


それでは、始めよう。どんなことがあったの？　まずどちらから話してくれる？

それでは次はあなたの番だよ、どうぞ。

ここまでで何があったかの確認をしたけれど、お互いの言い分で違うところはある？

ところで、2人はそのときにどんな気持ちだったの？

なるほど、そんなことを思っていたんだね。

もし、また同じような出来事があったとき、またこうなってしまったらどう？

きっと今のあなたたちだったら、少し違った考え方をしていたんじゃないかな？

さっき、どんなふうにできていたらよかったと思う？

そうだね、きっとそんなふうだったら、お互い嫌な気持ちにならないで過ごせたかもね。

先生が2人に聞いてみたいことはほとんど聞けたんだけれど、お互いには何かある？

まだ、言えてないことや聞けてないことはある？

これからどうすればよいかは気づけたかな？

じゃあ、終わりにしよう。気持ちを切り替えたら教室に戻っておいでね。

［友だちから暴言や暴力を受けたことに助けを求められたとき］

先生が助けられるのはどんなこと?

センセー、○○さんに急にバカって言われましたぁ!

あらあら、○○さんに急にバカって言われたのか。それでそれで?

嫌だったから言いに来ました。

そっかぁ、その嫌な気持ちは○○さんには伝えてみた?

言ってないです。そのままどこかに行っちゃいました。

うん、わかった。それで**先生が助けられるのはどんなこと?**

一緒に来てほしいです。それで、○○さんと話をしたいです。

うん、それじゃあ、○○さんを探しに行こう。

子どもの攻撃的な言動を理解し、適切に対処するためには、個別の状況や背景を考慮し、感情の管理や適切なコミュニケーションスキルの習得を支援することが重要です。また、学校だけでなく、家庭や地域など、社会全体でポジティブな行動モデルを提供することも、子どもたちの健全な発達に役立つはずです。

子どもが他者に対して、暴言や暴力におよぶ心的過程は非常に複雑です。感情の不適切な処理やコミュニケーションの困難さという要因はこれまでにお伝えした通りです。

それに加えて、例えば、もともとの自己価値感の低さもあげられるでしょう。自己価値感の低い子どもは、他者を攻撃することで自分を守ろうとすることがあります。**他者に向けて攻撃的な態度を取ることが、自分を守るための防御メカニズムとして働いている**のです。

また、悪い例のモデリングも理由としてあげられるでしょう。子どもたちは周囲の大人や同世代から言葉づかいや行動を学びます。家庭やメディアで暴力的な行動が示される場合、子どもたちはそれを模倣してしまう可能性があります。

このように、子どもの暴言や暴力として表れる行動には、そう簡単には計り知れないような複雑な背景が張り巡らされています。しかし、問題の解決をあきらめてはいけません。

多くの場合、その出来事に出くわして不快な気持ちが生じてしまった子どもが、その出来事の一部始終の報告と解決のための援助を求めるために、私たち教師のもとにやってきます。

最も願うことは、そもそもそんな出来事が生じないことです。しかし、実際にもう起きてしまいました。次に願うことは、そんな出来事を子どもたち同士で話し合い、解決していけることです。しかし、解決ができないから目の前に子どもがやってきたのです。

実は、メインとなる問いかけの前に、1つ気づいてほしいことを投げかけています。それは**「その嫌な気持ちは○○さんには伝えてみた？」**という言葉です。本来は、その出来事が起きたその場で「なんでそんなこと言うの？　傷つくよ」と相手に自分の気持ちを伝えることをしてほしいからです。

一方で、その場ですぐに自分の気持ちを表さなかった気持ちもわかります。さらに、暴言や暴力を繰り出される心配や不安があったのかもしれません。また、まわりに頼れる友だちがおらず、孤立感や絶望感を覚えていたのかもしれません。

それでも、援助要請のために、わざわざ頼って来てくれたわけです。もしかしたら、自分の気持ちを先生が代弁して相手に伝えて、願わくば、相手を叱ってくれたらと考えているのかもしれません。なぜなら、また同じ目には遭いたくないからです。

したがって、寄り添ってやる気持ちを精いっぱいもちつつも、被害を受けた側の子どもの味方だけをすることはできません。**暴言や暴力をふるってしまった側の子どもの成長も願い、両者の間に立たなければならない**からです。そのためには、子どもに一度冷静になってもらい、間に入る先生の立場や立ちふるまいを考えてもらう必要があると考えます。

そして、ここでもお互いの考えを公平に扱い、発言を促したり、整理したりする役割を務めながら、互いの歩み寄りを目指していきます。

【いつもと違う休み時間の過ごし方をしている子どもを見かけたとき】

一緒にやらない？

（おや、いつも外に遊びに行くあの子が教室で1人だなぁ）

このボードゲーム、おもしろそうだね！　どうやるんだろう？

おっ、これおもしろそうでしょう。一緒にやってみる？

うん！　教えて、教えて！

あっ、そこの○○さん！　**一緒にやらない？**　人数がほしいんだ！

あっ、はーい、いいですよー。

突然ですが、みなさんは、授業の合間にある長い休み時間はどこで何をして過ごしていますか。

私は、教室の中で、子どもたちの様子に気を配りながら、ノートのチェックや、ドリル・スキル・テストの丸つけ、ご家庭への一筆箋や学級だよりの作成などをしています。

同僚の先生たちの過ごし方も人それぞれのようです。

校庭を眺めれば、いつも子どもたちと遊んで汗を流している先生。図書館に顔を出せば、子どもたちと一緒に次に読む本を楽しそうに選んでいる先生。花壇に目をやれば、水をまきながら子どもたちと野菜や草花の成長を観察している先生。

どれにもそれぞれの先生のよさが表れていてすてきです。

さて「子どもは休み時間は外に出て過ごすものだ」というとらわれも、かなり薄れてきた昨今です。かつてより、子どもたちが休み時間を自由に謳歌できるようになってきました。

その中にあって、私は、休み時間を教室で過ごそうとする子どもたちとの関わりを意図的に生み出そうと考えています。それは、子どもたちとの関わりを見直していたときに、コミュニケーションが圧倒的に足りていない子どもに共通点を見つけたからです。

その共通点とはもちろん、休み時間を内（教室）で過ごすことを好むという点です。子どもたちの気質や性格をその行動で二分するのはいささか強引ですが、外で過ごすことを好む子どもたちは、自分の感情や思いが外側に向きやすく、こちらが意図して話しかけずとも、向こう側から関わりに来てくれることが多いです。

一方、**内で過ごすことを好む子どもたちは、自分の感情や思いが内側に向きやすく、こちらから意図して話しかけないと、1日で1回も会話をしないまま終えてしまったこともありました。**今でこそ協同的な学習の仕方を取り入れているため、1日に1回も話さないという子どもはいません。それでも、より子どもとの関係を築いていこうとするためには、まずは繰り返し関わり、その親近感を高めていきたいと思うものです。

そうやって、休み時間を子どもたちと教室で過ごすことを続けていると、ある日、突然の違和感を抱くことがあります。

それは、いつも教室にはいないはずの子が教室にいて、しかもちょっとどこか表情や様子が違うのです。「これはなにかあったな」と心配な気持ちが浮かび上がる一方で、「教室にいて気づけてよかった」とも思うのです。

さて、私は、教室にボードゲームやパズルを置いていて、子どもたちにも「いつでも使っていいよ」と伝えています。教室での定番の過ごし方といえば、おしゃべり、お絵かき、読書、工作などでしょうか。

もちろんこれらのどの過ごし方もすばらしいものです。ただ、好きな過ごし方を謳歌するとはいえ、**せっかく学校にいるのだから、体を動かすことではなくとも、友だちとの関わりを楽しんでほしい**という願いもあります。

ボードゲームと聞くと、ルールが難しそうと思われるでしょう。しかし、低学年の子どもでもルールを理解して取り組めるものは多くあります。

普段の休み時間でも子どもと子どもとをつなぐすばらしい役割を果たしてくれるボードゲームですが、雨の日や梅雨の時期などはさらにその真価を発揮してくれます。
「廊下は歩きます！」と室内で鬼ごっこをしている子どもたちを叱るくらいなら、「ゲームしようぜ！」と誘って遊びを提案した方が、よっぽどお互いのためになります。

本題に戻ります。
いつも外へ遊びに行くあの子が教室で1人でいるのは、どうしてなのでしょう。もしかしたら、外での遊びの中で何かトラブルやうまくいかないことがあったのかもしれません。そのメンバーの中のだれかとの仲がこじれていて一緒には居づらいのかもしれません。

理由は定かではありませんが、いつもは選ばない教室を選んでここにいるのです。積極的な選択ではないのかもしれませんが、これもよい機会でしょう。**いつもとは違う場所の雰囲気を知り、普段見ない友だちの新しい姿を知り、経験したことのない過ごし方や関わり合いを知るチャンスであると捉えてしまえばよい**のです。

「一緒にやらない？」と声をかけても、その場では空振りだったこともあります。でも、そばにきて、一緒に取り組んでいる様子を眺めてくれていました。

「もう大丈夫そうかな」と頃合いを見てそっとその場を離れると、その子が輪の中に入っていき、気がつくとゲームにも参加していました。遊びの力、子ども同士の関わりの力を目の当たりにした瞬間でした。

何かその子が抱えている問題や心配を直接解決してやることはできませんでした。それでも、**そのときの不安だったり孤独だったりした気持ちを、少しでも前向きなものにしてやることはできた**のではないかと思っています。

自分が自分らしくいられるところ。

それを見つけられる機会があちらこちらにあるのが、学校という場所のよいところではないでしょうか。

「当番活動で役割に意義を見いだせていない子どもと言葉を交わすとき」

手と足は動いているかい?

(掃除の時間)

このあとの昼休み、なにして遊ぶー?

ドッジボールやろうぜー!

いいねー。あー早く掃除の時間終わらないかなぁ。

おーい、そのためにも**手と足は動いているかい?**

はーい、やりまーす!

当番活動というとどんな役割が考えられるでしょうか。主だったものといえば、給食の当番と掃除の当番でしょうか。そもそも「当番」という言葉は、順送りに仕事の番に当たることであり、また、その番に当たる人のことを意味しています。

つまり、教室やその集団の中で、必ず行わなければならないものであり、その割り当ての中にも負担の軽重があるため、公平性を期して、順番に交代していくものなのでしょう。

どんな学習でも、その学習に取り組む意義を理解してから取り組んでいけるようにしかけていきたいものです。しかし、当番活動となると、**なぜ教室に当番活動が必要なのか、どんな心構えで当番活動に取り組めるとよいのかを考えることをしないまま、システムの説明や仕事への取り組み方の指導が行われてしまっている**ように思います。

給食や掃除の時間は、子どもの発達段階や学習過程に応じて、臨機応変に取り組むことができません。全校、一斉一律です。だからこそ、時間内に何とかゴールにたどり着く必要があり、子どもたちに与えられた役割への忠実な遂行を求めるのです。

そんなプレッシャーが教師と子どもにも与える影響があるとすれば、当番活動は、工夫や改善よりも決められたことに忠実に取り組んでいればよい、という捉え方を生み出してしまうことです。

働くということは、自分の興味関心や得手不得手を自覚するところから始まり、大好きな仲間や家族のために自分の力を役立てたいと願う気持ちを行為として表すもののことをいうのではないでしょうか。

ですから、子どもは本来、働くことが大好きです。あれをしてみたい、これもしてみたいという意欲にあふれています。ところが、集団の中では、そうも好きには言っていられない。だから、意図的にその役割が割り当てられ、個人の自由な思考や裁量に制限をして、その体を保っているのです。

働くことを通して、働くこと嫌いを生み出してしまっているのかもしれない。そんなことを考えて、私のシステムの設け方や声かけの仕方が変わっていきました。

給食の当番では、ご家庭での白衣の洗濯をお願いしている学校事情から、白衣を着て行う役割は、なるべく隔週になるようにしています。一方で、白衣を着て何の仕事に取り組むかは自分で選んで決められるようにしていきます。その日の一番重たいであろう持ち物を持って、友だちの助けになりたい子。自分の配膳する食缶をぴったり空に配りきることにやりがいを抱く子。**自分で決めた役割だからこそ責任をもって取り組んでくれる**のです。

掃除の当番では、使える場所と道具と終了の時刻以外は全体では何も決めません。**一人ひとりがきれいにしたい場所を見つけて、行動することを大切にしています。教室の中のことを自分事として捉える当事者意識と、自分ならこうするという創意工夫の力が育まれることを願っています。** 4月から夏休みまでのわずかな間に、雑巾を5回以上も新調している子どももいるほどです。ご家庭からの惜しみないご協力に感謝です。

こうして、当番活動の中でも、子どもが自己選択・自己決定できる範囲をなるべく広く設けているのです。だからこそ「(クラスのために、自分の決めたことの実現のために)手と足は動いているかい?」と問いかけるわけです。

[係活動で役割に意義を見いだせていない子どもと言葉を交わすとき]

あなたが本当にやってみたいことってどんなこと？

センセー、なかなか自分たちの活動が進まなくて…。

あら、どうしたの。毎週考えて決めている計画通りには進まない？

やってはいるんだけれど、なんか盛り上がらないっていうか。

うーん、何かがあってうまく進んでいないのかもしれないね。

あなたが本当にやってみたいことってどんなこと？

友だちと話し合って解散するなら、それもありだと思うけれど、何か次に生かせることが見つかるといいね。

これまでであれば、

「なんてこと言ってるの、あきらめちゃいけないよ。ほら、仲間のみんなも連れておいで。みんなで作戦を練り直そうよ」

などと言うところでしょうか。

例の中のやりとりでは、うまく進まない原因が断定されてはいないものの、仲間の中での合意形成がうまく果たされておらず、役割を放棄している子どもがいることがうかがえるなど、もはや目標を見失ってしまっている様子が見られます。

係活動のあり方として、学期ごとにその編成と活動内容が考えられ、所属を決定しているのが一般的でしょうか。私もこれを疑わず、係活動を推し進めていたことがありました。しかし、どうしても活動がマンネリ化したり、教室内での突発的な問題や活動に臨機応変に対応できなかったりする課題がありました。

そして、子どもたちの姿を俯瞰して捉えたとき、新しい係活動のあり方があってもよいのではないかと考えるようになりました。教室をよりよくしていこうとするその原動力を最大限に引き出すためにはどうしたらよいか。そこで、私なりにたどり着いたのが**「プロジェクト制」**を採用することでした。

プロジェクト制がいわゆる普通の係活動と異なるのは**「活動に取り組むスタートとゴールは子どもたちの裁量で自由に行ってよい」「いくつのグループに所属してもよい」**という2点で、至ってシンプルなものです。

子どもたちは、これまでの係活動と違った自由さに驚くものの、あっという間にフィットしていってくれます。さらに、**トライアル&エラーを何度も繰り返すことができ、自分や友だちのよさを生かしながら自分たちの居場所をよりよくしていこうとする力を着実に身につけていくことができます。**

もちろん、ここでもプロジェクトを立ち上げる際の「めあて」が大切になります。クラスがどんな姿にたどり着いたらゴールなのか、そのためにどんな計画で進めていくのか、一人ひとりの役割は何なのか、そんなことを極めて具体的に考えることが欠かせません。

プロジェクト制でも、自己選択・自己決定できる場と機会を保障しつつ、子どもたちが自走できるシステムを構築していきたいものです。

さて、これまでに、私の教室で実際に誕生したプロジェクトの中で、特に充実していたものをここで紹介させてください。教室の中で子どもたちの社会スキルを育むためのプログラムとして「Make you happy」という活動に取り組んだことがあります。この名前は、当時流行っていた人気ガールズグループの楽曲になぞらえたものです。

ルールは簡単です。毎朝登校したらクジを引き、自分が1日の間にサポートをする相手の友だちを決定します。この相手がだれかを他の人に伝えてはいけません。だれに明かすでもなく、さりげないサポートやフォローをし続けます。1日を終える振り返りの時間に、相手が自分の存在に気づいて当ててくれることを目指します。当てても楽しい、当てられてもうれしい、そんな活動です。

これは、ある日、私が学校での人権月間への取組として子どもたちに紹介したものです。

これが子どもたちの中でヒットしたのか、次の日もまた次の日も取り組み続けていくではありませんか。

はじめこそ私が主導で取り組んでいた活動でしたが、これを自分たちで推進していくプロジェクトが立ち上がり、あっという間に子どもたちが主導権を握っていったのです。

この活動の本来のねらいは、利他の心をもって友だちと接する関わりとつながりの力を育てていくことでした。しかし、教師がもつねらいを子どもたちが意識する必要はありません。

はじめは与えられた活動でしかなかったのかもしれません。それでもやり続けていくうちに、友だちと関わること自体に魅力を見いだし、さらにオリジナルの活動へと昇華させていこうと、今回のプロジェクトが立ち上がったのです。私がこれまでに知る限りで、一番盛り上がったこのプロジェクトは、私自身にも多くの幸せをもたらしてくれました。

「あなたが本当にやってみたいことってどんなこと?」

この問いかけは、**自分が本当にやってみたいことだからこそ、前向きに粘り強く取り組**

めることを信じた言葉です。

この問いかけで、あきらめかけてしまっていた自分の気持ちと向き合わせ、改めて活動への奮起を促してもよいでしょう。そうすれば同じプロジェクトに所属する仲間と話し合って、ゴールを再確認することと、そこまでの道のりの協力を約束することができるかもしれません。

一方で、ここでは活動そのものを見直して更地に戻し、新たな仲間と活動を生み出しながら、また教室への貢献を目指してくれるかもしれません。きっとそのときには、今感じている悔しさや見つけた改善点を生かそうとしてくれるはずです。

当たり前を見直してみること。始めてしまったら、必ず成功させて終わらせなければならないなんてことはありません。そして、この先の子どもの成長を信じてみること。ゴールへと続く道のりの途中で転ぶことは起きるものなんですから。

［落とし物を届けに来た子どもに感謝の気持ちを伝えるとき］

ところで、まわりの友だちにはもう聞いてみた？

センセー、だれのかわからないけれど、鉛筆が落ちてましたー！

ありがとう！　ところで、まわりの友だちにはもう聞いてみた？

聞いてなかったですー。

どうしたの？　あっ、それ見覚えある。○○さんの鉛筆じゃない？

ねぇ、○○さーん、これ違うー？

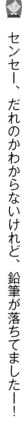

自分の身の回りや教室の中で、床の上にものが落ちていたり、机や棚の上に見慣れないものが置いてあったりしたら、それに違和感を抱ける子どもたちであってほしいものです。しかし、それに気がつかないばかりか、落ちているものを踏んだり、跨いだりして、やり過ごしている子どもの姿を見ると、なんとも悲しい気持ちになります。

ここでは、そんな心配も束の間、子どもが自ら落とし物に気づいて**「向社会的行動」**を起こし、われわれ教師に援助を求めに来てくれた場面です。向社会的行動とは、他者に対して利益をもたらそうと意図された自発的行為のことをいいます。ここで自己の利益がもたらされることを願っていない場合は、さらに「愛他的行動」とも呼ぶことができます。

こういった向社会的行動が生まれる背景には、他人の困難や不便を理解し、相手に対する思いやりを示そうとする共感性、さらに個人の道徳的判断に基づいて発揮される正義感や責任感といったものがあります。それらが合わさって、子どもたちの実際の行動として表れるのです。

せっかくのすばらしい行いですから、十分労い、よい終末を目指していきたいものです。

さて、あるとき「センセー、これ」とだけ言って、教師机の上に無造作に落とし物を置いていこうとする子どもがいました。「どうしたの、これは？」と聞くと「落ちていたのー」と遠くから返事がきます。

これを眺めていた別の子どもが「それだれのか知ってるかも」と机の上から手に持ち、心当たりの友だちのところへ向かっていくことがありました。実際には、その当ては外れたようですが、無事に持ち主のもとへ落とし物は戻っていきました。

この出来事を振り返ったとき「落とし物の問題は子どもたちの能力では解決できないほどのことなのか」「もしかしたら、落とし物が教室の中で集まりとどまっていく問題は、別のところに原因があるのではないか」とさえ思うようになりました。

私が思い当たったその原因とは何か。それは**「コミュニケーション不足」**です。「そんなことか」と思われるかもしれませんが、問題を見つけたら、まず近くの友だちに聞いてみるという初歩の初歩がここで生かされていないのですから。

また、この落とし物の問題だけを見れば、それは些細なことかもしれません。しかし、こうは考えられないでしょうか。


目の前に落とし物がある。

でも、自分以外のだれかもそれに気づいているはずなのに、だれも拾おうとしていない。

自分が拾わずとも、いつかだれかが拾ってくれるだろう。

拾ってだれかに届けるのも面倒だし、だれのでもなかったらさらに面倒だ。

拾うのはやめておこう。


こんな一連の思考の流れが子どもたちにこびりついてしまったとき、それは最悪の場合、最も未然に防ぐべきいじめの問題すら見過ごされてしまうのではないかと危惧します。そんな最悪のケースを免れる思考の仕方を身につけることができるなら、落とし物の問題も貴重な学習の場面かもしれません。教室の中での出来事をどれだけ自分事として捉えられるか。どれだけ早いうちに仲間との協力関係を築くことができるか。**子どもたちは、私たち教師の背中も同じように見ているのかもしれません。**

［よりよい言葉の選び方を心がけてほしい子どもに注意をするとき］

あなたのその言葉を一番そばで聞いているのってだれだと思う？

昨日、○○とけんかしたの！

最近の○○、少し調子に乗ってるよね！

ほんと、マジ最悪だよ。顔、見せんなって感じ。

ねぇねぇ。

あっ…。

あなたのその言葉を一番そばで聞いているのってだれだと思う？

私たちが普段何気なく使っている「言葉」。他者とのコミュニケーションで用いられるだけでなく、自分の頭や心の中で思考を広げたり深めたりする際にも用いられます。

普段、その人がどのような言葉の用い方をしているのか。これまでにどのような語彙の獲得を進めてきたのか。外見や仕草、行動といった、目に見えてわかるところとはまた異なる、**その人の人柄を形づくっている一部分**であると私は考えています。

さて、子どもたちが口にしたり書き表したりするその言葉。私たちが捉えるその一点は、その子どもの長い人生の中では、まだまだ成長の途上であることは十分に理解しています。しかし、普段から人の心を傷めるような言葉を平気で用いる子どもが、他者に優しく思いやりにあふれた行動をとれるような子であったことはありません。

また「どうせやってもできないもん」が口ぐせだった子どもに、学習や生活の計画や見通しをもって粘り強く取り組むことのよさを味わわせてやることは、私にはできませんでした。

たかだか言葉の選び方、用い方、と考えてもよいでしょう。

しかし、自分の言葉が行動を呼び起こし、行動が続くことで習慣が生まれ、その習慣が性格として自身に刻まれる。そして最後には、自身の性格が自らの運命へとつながっていく。

そう長い目で捉えてみることで、まずは目の前で見られた子どもの姿、そしてその姿の背景にある考え方のところにまで思いを馳せることができるのではないでしょうか。

さらに言えば、オフィシャルな場ではふさわしくないと考えられる言葉や表現は、同世代や特定の文化の中では、共感や親近感を生み出すことにつながります。それはくだけた会話や軽いトーンでのコミュニケーションが可能であり、集団としての凝集性が一気に高まるからです。

一方で、集団としての内に向かう力や同調性は、他者や周囲の集団との距離感を生み出すことになります。その意味では、そこでの言葉づかいを気にかけて声かけする私たち教師は、彼らにとって外の者と思われてしまってもおかしくありません。

「そんな言葉、他の人が聞いたら驚くし悲しむよ」

これはきっと、子どもたちの心には届かない言葉でしょう。目の前の友だちは共感してくれるし、わかってくれると思っているからこそ選んだ言葉です。ましてや、別の他人に聞いてもらうつもりはなく、たまたま聞かれてしまっただけなのでしょうから。

そういったこともあって、私は**「心の中で何を思うのもそれは自由だけれど、それを口にしたり、書き表したりして、人に伝わってしまうことは話が違うよ」**と折に触れて話すことを心がけています。人がだれしも心の中に抱いている黒い部分の存在、まずはそれ自体をしっかりと認めたうえで、その後の行為と区別するためです。

そのうえで「自分が表に出した言葉は、必ず自分以外のだれかや意図していないところにまで広がっていってしまうものだと思っておこう。だからこそ、言葉には責任をもたなくてはいけない。そして、**自分がだれかに向けて唱えてしまった鋭さや乱暴さを伴う言葉は、実は、自分が一番近くで見聞きしてしまっている**ことを知っているかい？　それって**一番大切にしないといけない人を大切にできていない**よね」と、その子を案じるのです。

【友だちとの人間関係に悩んでいる子どもを案じるとき】

あなたは、自分が相手に合わせることを大切にしたいの？

センセー、ちょっといい？

うん、どうした？

最近、○○とうまくいってなくて。「自分の直した方がいいところがあったら教えて！」って聞いて全部直したのに、まだ何かダメみたい。

それはなかなか重たいことを抱えているみたいだね。

あなたは、自分が相手に合わせることを大切にしたいの？

オーストリアの心理学者、アルフレッド・アドラーは、人の悩みはすべて対人関係の問題に帰結すると述べています。

流行りのスタイルを取り入れた、かわいくておしゃれな服装でいなければいけない。

給食をおなかいっぱい食べないで、ほどほどの量にしなければならない。

スマホを肌身離さず持ち、ＳＮＳの通知にはすかさず反応を返さなければいけない。

高学年の女子を想定したこれらの悩みも、自分の向こう側にいる友だちとの関わりを保ち続けなければならないという、ある種の脅迫感に基づいたものであると捉えることができます。

昨今では、子どもたちを取り巻く様々なものや価値が多様化しています。本当に自分が好きで望むものだけを選べるなら、それに越したことはありません。しかし、**仲のよい友だちやその集団の中での自分の居場所を見いだすために、その取捨選択を他者の判断や価値基準に委ねてしまっている姿が多く見受けられるのが実際**です。

もともとの子どもたちの人間関係は「家が近い」「保育園・幼稚園が同じ」「親同士が知り合いや仲良し」「習い事が一緒」など、その子どもたち同士の偶然のきっかけから始まっていると考えられます。

それがきっかけで長く続いていくこともあるでしょう。しかし、多くの場合、生活を共に過ごしていく中で、お互いが一緒にいることが利益である仲間との関係を深め、強く結んでいこうとするはずです。

一方で、関係を深め、強く結びつき合おうとすればするほど、お互いの微妙な意見や物事の食い違いが大きなものとして浮かび上がります。お互いが歩み寄ろうとすればよいのでしょうが、そこに上下関係や序列があると、弱い者が何とか相手に合わせようとし、苦しさを味わうことになってしまいます。

「そんなに苦しいのなら、そこから離れてしまえばいいのに」と思うのは大人の感覚です。**その子にとって、そこだけが他者とのつながりを感じていける場所**なのですから。

しかし、そうはいっても、目の前でその子どもは苦しんでいます。つながりが切れてしまう未来への不安と、つながりを保ち続けきれていない自分への不甲斐なさに。

この悩みに対して、一朝一夕で解決できるような、魔法のような問いかけの言葉はありません。ましてや、**子どもの人間関係についての教師からの具体的なアドバイスほど、その関係を壊し、教師への信用を失いかねないものもない**と思います。

私は、友だち関係に悩んでいそうな子どもがいたり、お互いの関わり合いが流動的でなく、どこか引っかかる様子を感じたりしたときには、必ず紹介する1つの新聞の記事があります。

それは、日本の魚類学者、宮澤正之（さかなクン）が2006年12月2日に発刊の朝日新聞に寄稿したものです。いじめに苦しんでいる子どもたちに向けたもので、海に暮らす魚の生態を例に、自分が自分らしくいられる場所は外の広いところにあるはずで、そこに足を踏み出すことに勇気をもとう、ということが書かれています。

さかなクンの本来の意図とは異なるかもしれませんが、私は人間関係に悩む多くの子どもたちに送られているエールなのではないかと捉えました。普段、テレビで目にすることも多い、元気でウィットにあふれたキャラクターのさかなクンの言葉なので、子どもたちも明るい表情を交えながらも、真剣に話を聞いてくれるのが印象的です。

さて、ギブ&テイクという言葉があります。与えたら与えられる、与えられたら与える。このやりとりは一見、当たり前のようにも思います。しかし、与えたからといって与え返してもらえることは当たり前ではありませんし、与えられることをはじめから当たり前のように待っていてもいけません。それが人間関係ならなおさらです。

自分や自分の行為の価値を他人の判断に委ねるのではなく、自分自身で判断できるようになること。**他者の承認を基にして生きるのではなく、自分で自分に承認を与えられるようになることが重要であると**、アドラーは加えて述べています。これはつまり、悩みや苦しみを感じるのも、喜びや幸せを感じるのも、他者に振り回されるものであってはならない、ということなのでしょう。結局は自分次第。そういうことなのかもしれません。

今回のような事態を未然に防ぐために、これまでにも取り上げてきた自己選択・自己決定ができる学びの場を設けてきたり、協同学習で流動的かつ互恵的な関係を築いたりすることが手立てとしてあげられます。

それでも子どもから人間関係についてのＳＯＳが届けられたとき、それはクラス全体の人間関係の様相を写し出していると考えてよいでしょう。

そして、**子どもと教師の立場ではなく、同じ教室で暮らす一対一の関係として「あなたがいてくれて助かるよ、ありがとう」と心からの感謝の言葉をかけ続けていきたい**ものです。

【引用・参考文献】

・さかなクン「広い海へ出てみよう」（朝日新聞2006.12.2）

・アルフレッド・アドラー『人生の意味の心理学』アルテ（２０２１）

［不安に押しつぶされそうになっている子どもにアドバイスを送るとき］

まずは今を楽しむことから始めてみない？

今日は塾のテストがあるし、明日はプールのテストがあるし、もう大変だよ。

なんだかすごいね、テスト祭りだね。

もうテストのことばっかり考えちゃって、他のことが全然楽しめないよ。

わかるなぁ。考えないようにしようと思うと余計に考えちゃうんだよね。

そうそう、そんな感じ…。

じゃあ、**まずは今を楽しむことから始めてみない？**

そんなことってできるの？

不安や悩みがないなんて人はいないはずです。そして最初は、小さな不安や悩みだったものも、一度考え始めてしまうと、次から次へと頭や心の中に広がっていきます。それは、過去に起きた出来事かもしれないし、これから先の未来で起きうる出来事かもしれません。また、嫌なことを考えないようにふたをしようと思えば思うほど、その気持ちを押し返すように、いっそう不安や悩みも強くこみ上げてくるものです。

このように、頭の中での想像がふくらみ、過去や未来へ自由に行き来できてしまっている状態を、日本の心理学者である今井正司は**「タイムトラベル」**のようであると例えています。

体は今ここにあるものの、心は過去や未来に行ってしまっている。それは、もぬけの殻の状態と言えます。そんなときには、何をやってもうまくいかず、うまくいかなかったことをさらに後悔するような悪循環に陥ってしまうことがあります。そんなときには、今この瞬間に注意を払い、現実をあるがままに感じ、しかし判断を行わず、思考や感情にとらわれないための**「マインドフルネス」**の考え方を取り入れていきたいものです。

マインドフルネスは、仏教の瞑想技法に由来する概念であるとされています。**現在の瞬間に意識を向け、その状況や感情を受け入れることを重視する心理的アプローチ**です。これは、自己観察や内面の状態に対する気づきを高めることを目指しています。

一方で、マインドフルネスはすべての問題に対する万能の解決策ではなく、一部の人には効果がない場合もあります。過去のトラウマや深刻な心理的課題を抱える人にとっては、深い自己観察は逆効果になることもあるため、その導入や扱い方には注意が必要です。

マインドフルネスと聞くと、瞑想やストレッチ、呼吸法などを思い浮かべるかもしれません。マインドフルネスの実践とは、そういったエクササイズを通して、自分の心の動きをモニタリングすることが大切なのです。

教室では、子どもたちに共感を得られるエピソードから導入を始めるとよいでしょう。そして、実践できるエクササイズを紹介して、その体験の中で感じたことや今の気持ちに焦点を当てていくことで、子どもたちと楽しみながら親しんでいくことができます。

私がよく教室で行うものの1つは、**塗り絵**です。数年前に、大人の塗り絵が流行ったことがありました。花、自然、植物、動物、シンボル、マンダラ模様など、子どもの発達段階よりもあえて緻密なものを選んでもよいでしょう。子どもたちがあっという間に、目の前の紙に引き込まれていきます。

他には、**ゼンタングル**もおすすめです。こちらも紙とペンが1つずつあれば取り組むことができます。○や□や△など、簡単な形や模様を繰り返しかくだけで、すばらしい作品が仕上がります。

どちらも、今この瞬間に取り組んだ成果が目に見え、次への挑戦にもつながりやすいので効果的です。どうか子どもたちと一緒に「楽しむこと見つけ」を楽しんでみてください。

【引用・参考文献】

・今井正司『イラスト版　子どものマインドフルネス　自分に自信が持てる55のヒント』合同出版（2023）

［みんなで決めた過ごし方の約束を守れない子どもに注意を促すとき］

どうしたの？

（授業時間中に教室移動をするとき）

では移動をしましょう。移動の仕方は、今確認した通りでいいですか？

はーい、いいでーす！

（移動を始める）

それでさ、ヤモリをつかまえたのね！

…**どうしたの？**

あっ…。

学校での約束やルールといえば、どんなものが思い浮かぶでしょうか。「○○小ルールブック」や「○○スタンダード」にまとめられているような生活と学習にまつわる明文化されたものもあれば、文字には起こされていない、暗黙の了解として広く知れ渡っているものもあるでしょう。

毎年これらの見直しを行う機会もあるようですが、増えていくことこそあっても、減らされていく様子は見られません。これから先も拡大していく一方なら、それらを遵守させられる子どもたちが心配です。そもそも、こういった数多くの約束事やルール、スタンダードは、どのように生まれ、どうして今も残り続けているのでしょうか。

1つに、歴史や伝統を重んじる学校の体制が理由であると考えられます。これらの社会規則は過去の価値観や状況に基づいてつくられたものですが、それが今もなお、継承されている状況が多く見受けられます。また、学校は多くの子どもたちや大人が生活する場であり、秩序や規律を保つために共通の了解が必要です。特定の行動や態度に制限を設けることで、余計な混乱を避け、円滑な運営を図ろうとする意図があります。

さらに、学校は社会からの期待に応えようと懸命であり、保守的な性格であることも理由であると考えられます。学校は、地域や保護者などからの期待に応えようと常に努力しています。登下校の際に事件や事故が起きたり、家庭で子どもの生活や学習に対する心配や懸念が生じたりすると、それらを未然に防ぐための役割が学校に求められます。そこで、規範を示し、従わせようとすることで、社会的な調和を保とうとしています。

こういったことが、学校での約束やルールが立ち並び続ける要因となっているのではないかと考えます。たしかに、約束やルールがあることで行動の基準が生まれ、よい行いとそうでない行いの線引きが容易にできます。また、それらが学校内で統一して設けられていることで、だれでもどこでも同じ基準をもって指導にあたることができます。

しかしそれでは、**子どもたちの目線に立ったルールづくりの視点が見えてきません。**ルールとは教わるものであり、増え続けていくもの。さらに守れなければ、叱られることもある。そんな感覚の伴うものを、子どもたちは大切にしていってくれるでしょうか。

私は、子どもたちに学校での約束やルールを伝えていくとき、なぜこの約束が生まれたのか、なぜ今の私たちにもこの約束が必要なのかをできる限り添えて伝えられるようにしています。

そんな中で、私自身がその約束が生まれた経緯や現状維持の理由を伝えられないこともあります。そんなときには**「先生も職員室の先生たちに聞いて、話し合ってみるね。なくしたり変えたりできそうなところは、相談してみるね」**と伝えることを心がけています。

ルールとは、関わるすべての人が守ろうと心がけることで成り立つものです。また、ルールは上から振りかざされるものではなく、私たち人と人との間に設けられているもののはずです。時代の変化や新たな理解に基づいて、適切な見直しや改善が行われることを子どもたちに示していかなければなりません。

ルールを武器にするのではなく、頼りにしようとするマインドをもちましょう。

「廊下は歩きます」「授業中の教室移動では静かに移動します」

これらはもはや、全国どこの小学校でも毎日唱えられている約束ではないでしょうか。

しかし、なぜ廊下は歩かなければならないのか、なぜ休み時間はよいのに授業中は静かに移動しなければならないのか、こんなことを折に触れて確認している教室はどれくらいあるのでしょうか。

こうした些細なことも、「学校は自分や自分たちだけが生活をしている場所ではなく、たくさんの人たちが暮らしていて、そのたくさんの暮らし方を尊重しなければならない。だからこそ共通の決まり事をもち、一人ひとりがそれに向けての努力をしなければならない」と考えることが必要なのです。

そうやって取り組む努力を省いてしまって、廊下を走っている子どもを見つければ「走りません！」と叱ったり、教室移動が静かにできないと「もう一度最初からやり直しです！」と罰を与えたりしてしまう先生もいます。

そのときは、すぐに行動を変えてやることもできますが、先生の姿が見えなくなったり、いなくなったりしたときには、また元の様子に戻っているかもしれませんね。

大切なことは、**約束やルールが必要になるその直前に、それらを確認すること**です。今回の場面なら「これから体育館まで移動するけれど、まわりのクラスは授業中です。みんなならどうする？」と問いかけてみるとよいでしょう。

「しゃべらない！」や「静かにします！」と、およそほとんどの子が言うことができるはずです。そこでさらに「音をゼロにして移動するためには、あなたはどうするの？」とさらに細かく聞いてやるとよいでしょう。すると「友だちに話しかけるのをガマンします！」「友だちに話しかけられたら、シー！と返します」「足音もゼロにしたいから、上履きに気をつけながら歩きます」と、自分を客観的に捉えた約束を考えることもできます。あとは、それを隣や前後の友だちと伝え合う時間を設けてやればよいのです。

「どうしたの？」というごく短い問いかけには、そんな一連の過程を経た、子どもたちへの思いや願いを込めています。「自分の姿や行動に気がついていますか？」「今の私たちの在り方をわかっていますか？」「それに向けて自分が決めたはずの約束を覚えていますか？」「これからどんな姿を目指したらよいか考えられますか？」と。

［下校時刻を過ぎても教室から帰ろうとしない子どもに下校を促すとき］

お泊まりするためのお布団や枕は持ってきてるのかな？

（下校の時刻からしばらく過ぎたころ）

もっ、ランドセルがパンパンだよー。あれ、筆箱どこだ？

おーい、さようならしてからだいぶ時間が過ぎてるよー！

はーい、わかってまぁす。

（さらにしばらく時間が経つ）

おーい、もういい時間だよ。

それとも今日は、お泊まりするためのお布団や枕は持ってきてるのかな？

近年は、子どもの安全確保の観点から、昇降口や校門を通る時刻が学校で定められていることが多いでしょう。地域の有志の方による通学路の見守りなどもあり、下校の時間に幅をもたせてしまうと、そういったところにも影響が及んでしまいます。

一方で、放課後に悩みをもつ子どもの相談を受けたり、個別に補う必要がある子どもへの学習指導を行ったり、そういったどこか牧歌的な子どもたちとの過ごし方を放課後にしていたこともある1人としては、少し寂しい思いもあります。

しかし、最近の子どもたちは、放課後は本当に忙しそうです。友だちの家や公園などに集まって遊ぶことだけならまだしも、塾や習い事の予定がみっちりと詰まっている子どもの話もよく聞きます。学校が終わってホッとするのも束の間、あわてて教室を飛び出して、次の場所に向かっていく姿も少なくありません。

私たちは学校の中での子どもたちの姿しか見えていません。ですから、そんなところにまで想像の範囲を広げてみると、やはり、下校時刻の順守は大切なのでしょう。

そう考えたとき、私は帰りの会のシステムを見直すところから始めました。

帰りの会は、最後の授業の時間が終了した後、持ち帰りの準備など、身支度を終えてから始まることが多いでしょう。

「支度は○分間で終える」などとタイマーや音楽で時間を定めて取り組ませているのをよく目にします。このやり方は、全員一斉に教室を出て帰ることを実現できるよさがある反面、早く支度を終えた子どもが支度に時間がかかる子どもを待つ構図が生まれたり、水飲み場やトイレなど、こちらの目が行き届かないところで、あらぬトラブルを生み出したりしてしまう懸念があります。結局それらの指導にも時間を費やしてしまい、教室を出るころには、下校時刻を過ぎてしまうことも…。

子どもたちとの1日の別れの時間。そのわずかな時間も、楽しくハッピーな雰囲気で過ごして、また明日への展望を抱かせたいものです。そこで私は、**最後の授業が終わるとすぐその場で、帰りのあいさつを行います。**どうしてもしなければならない連絡事項以外のメニューはありません。「友だち、先生、教室に、さようならぁ！」の合図で終わります。

その後は、各々がトイレに行ったり、荷物の支度をしたりして、自分のタイミングで帰っていきます。放課後の予定がある子は急いで支度をします。そうでない子はおしゃべりをしたり、水槽のウーパールーパーを愛でたり、私にちょっかいを出したりして、時間を目安に帰っていきます。

そんな中でも、トイレに少し長くこもったり、のんびりと帰りの支度をする子どももいます。私も教室の片づけや清掃をしながら談笑し、様子を気にしています。しかし、そろそろ限界の時間が訪れます。『蛍の光』でも流せばよいのでしょうか。でも、なんだか追い出しているようで嫌ですし「早く帰りなさい！」なんて叱るのはもっと嫌です。

そこで私は、子どもが「また先生がおかしなことを言っているよ」と笑いながら帰ってくれるように**「今日はお泊まりかな？」「おやつは持ってきてる？」「今日はお布団は全部干しちゃってるからビート板しか用意がないけれどいい？」と本当にくだらない問いかけをして、下校を促します。**

たまにその話にのっかってくれる子どももいます。そんな子とは、昇降口まで談笑を続けながら見送るのが私の楽しみになっています。

[ランドセルを背負って教室から出ていく子どもと言葉を交わすとき]

今日はこの後何があるんだっけ？

先生、さようなら！

はーい、さようなら！

今日はこの後何があるんだっけ？

今日は習い事があります！

そうだったね！　気をつけて帰って、この後もがんばってね！

第3章
子どもたちの力で学校生活をよりよくしていくための問いかけ

子どもたちと教室で過ごす1日は、本当にめまぐるしいものです。どんなに心のゆとりをもって迎えた朝でも、帰りの会を迎えるころには、心も体も疲労困憊。私が出会う同僚の先生方は、そんな疲れをおくびにも出さない超人の方たちばかりですが、みなさんやみなさんのまわりの方はいかがでしょうか。

子どもたちが「さようならぁ！」と去っていく声を聞いてホッとするのも束の間、たまっている事務仕事や次の日の準備への重い腰を上げることになるのです。そして実は、1日の学校での生活を終えて疲れ切っているのは、子どもたちの方かもしれません。

さて、ある日の休み時間、子どもたちからこんなことを聞かれたことがあります。何ともあどけなく、かわいい笑みを浮かべながら。

「先生たちってさぁ、私たちが帰った後、何してるの？」

「みんなが帰った後も、お仕事があるんだよ。明日みんなと一緒にやる学習の準備もあれば、今度やる行事の準備。これが結構、お仕事はたくさんあるんだぁ」

と私からの苦笑いの混じった返事…。

この話をまわりで聞いていた子どもたちは、学校の先生が自分たちの帰った後も仕事をしていることをはじめて知ったようで、驚きの表情を浮かべていました。

そんな何気ない会話が交わされたその日の下校時、いつもは「さようならぁ！」とだけ言って帰っていくある子が、

「先生さようならぁ！　この後もお仕事、がんばってください！」

と言ってこちらを向き、手を振っているではありませんか。

これには驚き、あわてて私も教室の外まで飛び出して、

「ありがとう、さようならぁ！　○○さんも、この後もがんばってね！」

と声をかけて手を振り、その後ろ姿を見送りました。

この出来事をとてもうれしく感じた私は、次の日の朝の時間に、このあいさつをしてくれた子への感謝と、どれだけその後の仕事に意欲をもって取り組むことができたかを子どもたちに熱く語って伝えたのでした。

子どもたちというのは本当に素直です。よいと思ったものを試さずにはいられないのでしょう。その日から、いつものあいさつに加えて、何かひと言のメッセージを添えてくれる子どもが１人、また１人と増えていきました。

しまいには、教室のほとんどの子どもたちが私に応援や励まし、労いの言葉をかけてくれるようになっただけでなく、隣の教室の子どもたちにまで、このすてきなやりとりの文化が広まっていったのでした。

さて、ここで「挨拶」という言葉を紐解いてみましょう。

もともと、仏教の禅宗で使用されていた「一挨一拶（いちあいいっさつ）」という禅語が、日常語の挨拶になったと言われています。一挨一拶は、１つ押して１つ迫る、心を開いて接する、というような意味合いで、問答を交わして相手の仏法修行の悟りの深さをはかるのだそうです。

人と人との関わりもこれと同じことが言えるのでしょう。**相手との出会いに感謝をして心を開き、その相手に興味をもって接しようとする。その心の表れが挨拶であり、互いの交流の広がりや深まりのきっかけともなる**のでしょう。

実際、子どもたちは、私の放課後の仕事や帰宅後の家での家族との過ごし方にも興味をもって、休み時間などに、たくさん話しかけてくれるようになりました。

そして、そこで得た情報を基に、挨拶に添える、私が聞いて喜ぶようなメッセージのアレンジを考えてくれているのです。

それと同じように、私も子どもたちの放課後の習い事や遊びの話を聞く中で、これまでよりほんの少し子どもたちのことを知ることができました。


相手を想い、その背景やこれからに想像を膨らませるからこそ、かけられる言葉がある。


私はそう考えます。

「習い事は水泳だっけ？　がんばってね！」

「誕生日のパーティだよね？　楽しんでね！」

「サッカーをして遊ぶって言っていたね！　明日その活躍を聞かせてね！」

「今日のテスト、家に帰ったらすぐに見せて自慢するんだよ！」

「明日も楽しい一日にしようね！」

そんな言葉に、子どもたちとの明日への期待を込めています。

おわりに

最後までこの本を読み進めてくださって、本当にありがとうございます。
こうして、どうにかこうにか1冊の本を書き記すことができたわけですが、ここに至るまで、これまでに出会ったたくさんの子どもたちの顔や姿、エピソードを振り返ることができました。本当に幸せです。

さらに思い返すと、その子どもたちのまわりには、ともに学校をよりよくしていこうと切磋琢磨し合った教職員の皆さんの顔が浮かびます。いつも助けられました。
そして、子どもたちの向こう側には、学校に子どもたちを送り出してくださる保護者の方々がいました。いつも心強いサポーターでした。ありがとうございます。

さて、この本の中であげられているシチュエーションやそのときのやりとりは、みなさんの心にはどう届いたでしょうか。

取るに足らない場面に思われたかもしれませんし、違う対応や関わり方を考えられた方もいるかもしれません。

私は、そのようにそれぞれに考えや意見があって当然であると思います。なぜなら、私たちが抱いている学校観や子ども観といったものは、人それぞれに違うのですから。

これまでのような一斉一律型の指導も根強くあり続ける中で、教育や教師のもつ多様性は、これからの学校にとって絶対必要なものとなります。

そしていつの日か、そんな多様性が尊重される学校がどの地域や街の中にも当たり前のように存在するようになったとき、本当の意味で、多様な子どもたちを受け入れることができる本物の学校になれるのだと信じています。

「問いかけ」とは、子どもたちの多様性を十分に保障するための関わり方なのですから。

さてこのたびも、編集担当の矢口郁雄さんには、大変お世話になりました。矢口さんとは、このコロナ禍に出会いました。私の考えや実践にいつも温かい理解を示してくださり、よりよい1冊を完成させるためにいつも貴重なアドバイスやエールをくださいました。どうかこれからもこのご縁を大切に続けさせてください。

そして、かけがえのない家族。何をするにも原動力となるのは、あなたたちがくれる、その笑顔と元気です。いつでも帰ることができる大切な場所がある。だから私はがんばることができるのです。私はつくづく幸せ者です。

皆様の未来にも幸多からんことを。

2024年1月

橋本卓也

【著者紹介】

橋本　卓也（はしもと　たくや）

1989年，横浜市生まれ。千葉大学教育学部を卒業。現在，横浜市公立小学校に勤務。公認心理師の資格をもつ。モットーは「打ち上げ花火より，線香花火」で，どの学校のどの先生でも実践できる持続可能な教育活動の在り方を模索中。現在も，自分の教室で様々な「あたりまえ」の改善に子どもたちと取り組んでいる。学校が，関わる多くの人にとっての幸せを実現できる場所になりますように！

著書に『実務が必ずうまくいく　特別活動主任の仕事術　55の心得』（明治図書）

自己選択・自己決定できる子どもを育てる

「問いかけ」型学級経営

2024年2月初版第1刷刊 ©著　者　橋　本　卓　也

発行者　藤　原　光　政

発行所　明治図書出版株式会社

http://www.meijitosho.co.jp

（企画）矢口郁雄（校正）大内奈々子・井村佳歩

〒114-0023　東京都北区滝野川7-46-1

振替00160-5-151318　電話03(5907)6701

ご注文窓口　電話03(5907)6668

＊検印省略　組版所　広　研　印　刷　株　式　会　社

Printed in Japan　ISBN978-4-18-280726-8